D1603638

# VOLVER A MÍ

JULIO BEVIONE

# Volver a mí

Autoconocimiento para vivir en paz

URANO

Argentina – Chile – Colombia – Ecuador – España
Estados Unidos – México – Perú – Uruguay

1.ª edición Noviembre 2019

Copyright © Julio Bevione 2019
La presente edición ha sido licenciada a Ediciones Urano para su publicación en lengua
castellana por mediación de Montse Cortázar Literary Agency (www.montsecortazar.com)
All Rights Reserved
© 2019 *by* Ediciones Urano, S.A.U.
Plaza de los Reyes Magos, 8, piso 1.º C y D – 28007 Madrid
www.edicionesurano.com

ISBN: 978-84-16720-85-9
E-ISBN: 978-84-17780-65-4
Depósito legal: B-22.868-2019

Fotocomposición: Ediciones Urano, S.A.U.
Impreso por Rodesa, S.A. – Polígono Industrial San Miguel – Parcelas E7-E8
31132 Villatuerta (Navarra)

Impreso en España – *Printed in Spain*

# Índice

Primeras palabras . . . . . . . . . . . . . . . . . . . . . . . . . . . . . . . . . . .  11

## Primera parte
### El camino para volver a mí

*¿Me escucho?* . . . . . . . . . . . . . . . . . . . . . . . . . . . . . . . . . . . . . .  18

*¿Me siento?* . . . . . . . . . . . . . . . . . . . . . . . . . . . . . . . . . . . . . . .  19

*¿Me acepto?* . . . . . . . . . . . . . . . . . . . . . . . . . . . . . . . . . . . . . . .  21

*¿Permito?* . . . . . . . . . . . . . . . . . . . . . . . . . . . . . . . . . . . . . . . .  24

*¿Me incluyo?* . . . . . . . . . . . . . . . . . . . . . . . . . . . . . . . . . . . . . .  29

*¿Me reconozco en los demás?* . . . . . . . . . . . . . . . . . . . . . . . . . .  31

*¿Uso la energía del amor?* . . . . . . . . . . . . . . . . . . . . . . . . . . . . .  33

*¿Reconozco y respeto mis dones?* . . . . . . . . . . . . . . . . . . . . . . . .  35

## Segunda parte
### Paso a paso, de regreso a mí

Del saber al hacer . . . . . . . . . . . . . . . . . . . . . . . . . . . . . . . . . . .  41

Buscando el eje . . . . . . . . . . . . . . . . . . . . . . . . . . . . . . . . . . . . . .  42

El silencio no es mudo . . . . . . . . . . . . . . . . . . . . . . . . . . . . . . . .  44

El perdón sanador . . . . . . . . . . . . . . . . . . . . . . . . . . . . . . . . . . . .  46

La vida, cómplice del alma . . . . . . . . . . . . . . . . . . . . . . . . . . . . . .  48

Cerrar capítulos para recibir lo que viene . . . . . . . . . . . . . . . . . . .  50

El miedo a morir es el miedo a vivir........................ 52

Cuando damos lo que necesitamos.......................... 54

Los límites de la convivencia familiar....................... 56

Un «amor» adictivo........................................ 58

El amigo ejemplar......................................... 60

El dinero es un espejo..................................... 62

Corazonadas ............................................. 63

El dolor por los que se van................................ 65

Decisiones no tan difíciles ................................ 68

No hay leyes para el amor ................................ 70

Sobre el mundo angelical.................................. 72

Las formas del amor ..................................... 74

¿Por qué fumo? .......................................... 76

El amor no deja deudas ................................... 78

El miedo a un nuevo camino............................... 81

La admiración disfrazada.................................. 83

¡Es humo!..., déjalo ir.................................... 85

Los ciclos no se detienen... afortunadamente................ 87

El trabajo del amor ...................................... 89

El encanto del drama ..................................... 91

Las revelaciones de la adversidad .......................... 93

Un cerco de energía ...................................... 95

Elegir el mensaje del alma ................................ 97

La naturaleza, espejo de nuestro mundo interno ............. 99

Cuestión de imagen ...................................... 101

Tropezando con el coaching ............................... 103

Ante la muerte........................................... 105

La ansiedad de ser madre................................. 107

Los que elegimos y no nos eligen . . . . . . . . . . . . . . . . . . . . . . . . 109

¿Existen los milagros?. . . . . . . . . . . . . . . . . . . . . . . . . . . . . . . . 111

Dormir en paz. . . . . . . . . . . . . . . . . . . . . . . . . . . . . . . . . . . . . . . 113

Ante el caos mundial y nuestros propios caos . . . . . . . . . . . . . . 115

Alejarme de ti me acerca a mí. . . . . . . . . . . . . . . . . . . . . . . . . . . 117

Sexo y espiritualidad. . . . . . . . . . . . . . . . . . . . . . . . . . . . . . . . . . 119

Confiar en nuestras certezas . . . . . . . . . . . . . . . . . . . . . . . . . . . 121

Tristeza y soledad . . . . . . . . . . . . . . . . . . . . . . . . . . . . . . . . . . . . 123

La naturaleza del alma . . . . . . . . . . . . . . . . . . . . . . . . . . . . . . . . 125

Cuando hay autenticidad, la motivación llega sola . . . . . . . . . . . 127

La decisión de perdonar. . . . . . . . . . . . . . . . . . . . . . . . . . . . . . . 129

Volver a volar, ahora tu propio vuelo . . . . . . . . . . . . . . . . . . . . . 131

Para siempre… hasta que se acaba . . . . . . . . . . . . . . . . . . . . . . . 133

¿Por qué extrañamos tanto a quien se fue? . . . . . . . . . . . . . . . . 135

El amor no se elige en la mente. . . . . . . . . . . . . . . . . . . . . . . . . . 137

Conectarnos más allá de la muerte. . . . . . . . . . . . . . . . . . . . . . . 139

¿Problema de dinero?. . . . . . . . . . . . . . . . . . . . . . . . . . . . . . . . . 141

El valor de nuestra presencia. . . . . . . . . . . . . . . . . . . . . . . . . . . . 143

Aceptar para perdonar . . . . . . . . . . . . . . . . . . . . . . . . . . . . . . . . 145

El compromiso no se decreta. . . . . . . . . . . . . . . . . . . . . . . . . . . . 147

Soltar al personaje. . . . . . . . . . . . . . . . . . . . . . . . . . . . . . . . . . . . 150

Ponerse en acción . . . . . . . . . . . . . . . . . . . . . . . . . . . . . . . . . . . . 152

La llegada de un maestro . . . . . . . . . . . . . . . . . . . . . . . . . . . . . . 154

Los dones y el miedo . . . . . . . . . . . . . . . . . . . . . . . . . . . . . . . . . . 155

Adolescencia espiritual. . . . . . . . . . . . . . . . . . . . . . . . . . . . . . . . 157

Desarmar las expectativas . . . . . . . . . . . . . . . . . . . . . . . . . . . . . 159

Dios es una experiencia . . . . . . . . . . . . . . . . . . . . . . . . . . . . . . . 161

Ahorrar…, ¿para qué? . . . . . . . . . . . . . . . . . . . . . . . . . . . . . . . . 163

El valor de bendecir . . . . . . . . . . . . . . . . . . . . . . . . . . . . . . . . . . 165

Los mensajes del dolor . . . . . . . . . . . . . . . . . . . . . . . . . . . . . . . . 167

El mensaje oculto en lo que dicen de mí . . . . . . . . . . . . . . . . . . 169

Ocuparse y preocuparse . . . . . . . . . . . . . . . . . . . . . . . . . . . . . . . 171

No te dejes arrastrar . . . . . . . . . . . . . . . . . . . . . . . . . . . . . . . . . . 173

Más allá de la autoestima . . . . . . . . . . . . . . . . . . . . . . . . . . . . . . 175

Divorciarse de lo que no somos . . . . . . . . . . . . . . . . . . . . . . . . . 177

Enredados en las redes . . . . . . . . . . . . . . . . . . . . . . . . . . . . . . . . 179

¿Por qué postergamos? . . . . . . . . . . . . . . . . . . . . . . . . . . . . . . . . 181

¿Patito feo? . . . . . . . . . . . . . . . . . . . . . . . . . . . . . . . . . . . . . . . . . 183

La meta eres tú . . . . . . . . . . . . . . . . . . . . . . . . . . . . . . . . . . . . . . 185

Palabras de cierre . . . . . . . . . . . . . . . . . . . . . . . . . . . . . . . . . . . . 187

# Primeras palabras

Conectar con nosotros, aprender a convivir con nuestro mundo interior, mirarnos, además de mirar el mundo que nos rodea, ha sido parte esencial de mi propio trabajo personal y el que he compartido en estos años. Pero aun cuando sabemos en teoría de lo que hablamos, la pregunta siempre surge: ¿cómo lo hago?

Por eso, en este libro resumo, de manera teórica y con muchos casos prácticos, el ejercicio de volver a nosotros. Ya no solo como una manera de vernos, sino como una estrategia para tratarnos, para tomar acciones desde nosotros, desde nuestra esencia, e ir encontrando un equilibrio entre el mundo y yo, entre yo y el mundo. Este es un orden fundamental que permite que todo lo demás que nos ocurre se vaya ordenando.

Será natural y espontáneo que nuestras elecciones sean coherentes, que lo que se acerque a nosotros como oportunidades, ya sean laborales o sociales, sea, un reflejo de lo que somos y podamos administrar con más facilidad y amabilidad los «sí» y los «no». Si la energía que nos permite evolucionar es el amor, y la tarea es amar, amarnos es la primera de las acciones a tomar. Y esto no se logra recitándonos palabras bonitas, sino tomando conciencia de que cada paso que damos en lo cotidiano debe ser una muestra de ese amor que nos ofrecemos.

Agradezco a todas las personas que en estos años han llegado a mí con sus historias, para verme en ellas y para ver más allá de lo que ellas están percibiendo, muchas veces nubladas por el miedo.

Muchas de esas preguntas están en las próximas páginas, confiando que algunas de ellas reflejarán también nuestras propias historias.

Los acompaño en este viaje de regreso a nosotros. Lo aprendí, volviendo a mí.

JULIO BEVIONE

# Primera parte

## El camino para volver a mí

*Volver a mí* es una invitación a mirarnos a nosotros mismos con otros ojos, los del alma.

Estamos muy claros en cómo conocer a personas que nos importan, tanto que solemos saber de ellas mucho más de lo que sabemos de nosotros mismos. Suelo poner el ejemplo de la mamá que sabe muy bien lo que su hijo come, lo que le gusta, la manera en que se viste y todas sus preferencias, pero al momento de decidir para sí misma se produce un gran silencio porque no había pensado en qué es lo que realmente quiere, necesita o le gusta. Esto nos sucede a menudo con personas que amamos. Al elegir poner nuestra atención en ellas se convierten en motivo de nuestras vidas, y esto no sería una acción negativa si no nos dejáramos de lado a nosotros mismos. Al fin, somos la primera persona que tenemos que atender. Y atendernos no implica dejar de hacerlo con los demás. Hay un tiempo para cada uno, pero nosotros no podemos estar ausentes de esa lista.

En mi experiencia compartiendo con las personas en distintos países y culturas, aparece un elemento común: el olvido de nosotros mismos. Poco puede ocurrir a favor de nosotros, de nuestro destino, de nuestra vida, si nosotros somos los primeros en desconectarnos de ella. Ponemos nuestra vida en función de los otros más que de nosotros, convirtiéndolo en un hábito tan normalizado en nuestra cultura que cuando tratamos de romperlo nos sentimos extraños, a veces culpables, y en la mayoría de los casos egoístas e incorrectos. Egoísmo no es ocuparme de mí, sino pretender ocuparme de todos y, de alguna manera, intentar que sus vidas estén administradas por nosotros. Algo que confundimos con el amor y por lo que pagamos un alto precio: desilusiones, frustración y la sensación de injusticia con nuestros actos. Dimos «todo» para recibir solo «eso» que nos dan.

¿Quién soy? y ¿Para qué estoy aquí? fueron las preguntas que me inspiraron a profundizar en este camino. Porque si no sabemos quiénes somos atraeremos a nuestra vida lo que no somos. Muchas veces nos encontramos en situaciones en que decimos: ¿por qué esta persona está en mi vida si no tiene nada que ver conmigo? Está por eso, para ayudarte a darte cuenta de quién no eres.

Hasta que no nos conocemos, la vida nos va ayudando a hacerlo consciente, poniéndonos a personas que no se parecen a nosotros para que nos demos cuenta de lo que no somos.

Luego, cuando comenzamos a darnos cuenta y asumir quiénes somos, la vida nos va acercando a personas que se parecen a nosotros. Ni idénticas ni tampoco tan parecidas desde el punto de vista humano, pero comparten el camino y nos sumarán o podremos sumarles sin mayor dificultad. Las relaciones cobran otro sentido y la vida, en general, se vuelve más fácil, menos enredada.

Esto también sucede con los trabajos. Hay personas que dedican un largo caminar para darse cuenta de lo que no les gusta y luego deciden hacer lo que sí les gusta. Pero qué tal si nos preguntáramos antes de iniciar ese camino qué nos gusta realmente y así no tener que atraer lo que no nos gusta, ya sean situaciones o espacios que no sentimos propios, para recién darnos cuenta de lo que nos gusta y acercarnos a la realización de quienes somos.

El camino espiritual en estos tiempos tiene mucho de esto. Quizás no tanto de conocer a Dios en niveles donde lo material pierde sentido, a mi entender un camino más evasivo porque estamos en una experiencia espiritual que incluye lo físico, sino de asumir que estamos en la materia, que tenemos un cuerpo y un destino por transitar. Y que cumplir con esa «promesa del alma» que es desempeñarnos en esta dimensión de cuerpo, mente y emociones, de la manera más clara y honesta, es la tarea.

La personalidad es nuestra parte humana, también le llamamos ego y representa todo lo que nos ayudará a movernos en este mundo físico. La personalidad está al servicio del alma, que es la que nos trae a la vida y nos sostiene en ella. El alma existió antes de nuestras memorias más conscientes. El alma no fue niño ni será anciano, esa es la personalidad. El alma, que trasciende tiempos y espacios, les da sentido a las experiencias de la personalidad, pero las trasciende. Es la «Mente» detrás de la «mente». Marco esta diferencia entre la Mente y la mente, como dos espacios, uno desde donde ejerce y discierne el alma y otro desde donde piensa y define sus creencias la personalidad. Aunque la «Mente» tiene una visión más amplia, clara y verdadera que la «mente», ambas son necesarias en este plano físico. Solo tienen funciones diferentes. La «Mente» guía y determina, la «mente» está a su servicio. Alinear la personalidad al alma es el propósito de *Volver a mí*. Comenzar a ordenar nuestra vida por el primer lugar donde se desordenó: dentro de nosotros mismos.

En este camino aparecen muchas resistencias que solo son formas de miedo. El mayor miedo, el menos lógico para nuestra razón, pero el más común en los seres humanos es el miedo a ser nosotros mismos. Por un lado, queremos ser libres, auténticos y desconocer los límites que nos llegan, pero por el otro hacemos todo para no lograrlo: nos seguimos comprometiendo con lo que no sentimos propio, continuamos usando deshonestamente los «sí» y los «no» para relacionarnos con el mundo y solemos ser la primera traba que ponemos hacia nuestra grandeza, con ideas como «no creo que sea para mí», «no soy capaz», «no se me va a dar» y otras tan negativas como «no me lo merezco». Aún me encuentro con personas que me dicen no pensar esto de ellas mismas, pero en unos minutos de conversación dejan ver que el primer límite que se pusieron antes de abandonar un proyecto que sentían propio y les estaba haciendo bien nació de ellos mismos. Aquí es donde debemos entender, de una vez por todas, que cuando no nos conocemos y no abrazamos quienes somos y nuestro valor, usaremos a las demás personas para hacerlas cargo de los inconvenientes. Esto lo veremos con más amplitud en las próximas páginas, pero vale decir que si yo estoy claro hacia dónde voy, nadie, aun cuando tenga fundamentos, podrá convencerme de que mi camino es otro o que no puedo seguir. Pero cuando no tengo claridad, no sé de mí, o no valoro lo que sé, cualquier voz externa se transformará en excusa para detenerme. Por un lado, queremos ser nosotros mismos, pero la personalidad está en alerta para no soltar el control. Por eso, el camino es profundizar desde un lugar interno más profundo. Y hacia eso vamos con las siguientes preguntas.

## ¿Me escucho?

Escucharnos implica exactamente eso. Prestarnos atención y escuchar aquello que decimos y nos decimos. Esto es algo natural en una relación sana con alguien que nos interesa. Lo escuchamos, preguntamos si fuera necesario, hasta tener claridad en lo que el otro dice. Hacerlo con nosotros mismos es la tarea.

Cuando valoramos una relación, vamos creando un espacio de intimidad donde nos damos un tiempo para conectar. Así es como podemos conectar con el otro. Cuando ese espacio y ese tiempo lo dedicamos a nosotros, podemos comenzar a crear una relación cercana, íntima con nosotros mismos.

Para lograrlo es necesario crear ese espacio, que no necesariamente debe ser físico, pero sí necesita tiempo. Un momento para detenernos y prestarnos atención.

En los últimos años se han popularizado métodos y maneras de lograrlo, como los diferentes tipos de meditación y técnicas que nos facilitan ese proceso. Pero también pueden complicarlo si creemos que el propósito es tener clara la técnica y no la meta que buscamos, que es crear ese espacio interno donde podemos conectarnos con serenidad y escucharnos. No es poca la gente que me comenta que se ha estresado intentando meditar, o que le da ansiedad tal o cual método. Por eso, no tenemos que perder el foco: encontrar el tiempo para detenernos, tomarnos una pausa y crear el hábito de escucharnos, tal y como hemos aprendido a hacerlo con los demás.

## ¿Me siento?

El lenguaje del alma es sereno, apacible, pero no pasa desapercibido. No usa palabras, pero se hace sentir. Nos habla a través de sensaciones y entre ellas, dos que son el ABC del vocabulario: la paz interior y el gozo.

Cuando nos guía hacia una acción inmediata, a una decisión en el presente, a mostrarnos un camino a tomar, lo hace a través de la paz interior. Podríamos interpretar como un «sí, adelante» si la respuesta que llega de nuestro interior es paz. Y la ausencia de ella no debería ser tomada como un «no» en el sentido negativo de nuestro lenguaje, sino como una toma de conciencia de que eso que vamos a hacer, decir o decidir no es lo que tiene apoyo del alma. Es decir, nos quedaríamos presos en nuestra personalidad con los riesgos que esto implica, en principio que el miedo nos nuble y el caos asome.

Por eso insisto tanto en mis libros y en las conferencias que revisemos cómo nos sentimos antes de dar un paso. En mi libro *¡Activa tu GPS!* hago una analogía entre el funcionamiento del alma y el GPS satelital. Cuando sabemos dónde ir, pero no sabemos cómo, el alma nos guía en ese camino con precisión porque, al igual que un satélite, tiene una visión global de todo el recorrido. Y lo hace en quietud. Si miramos la pantalla y nos dejamos guiar, el GPS está en silencio, pero en cuanto queremos tomar otro camino, comienza a hablar hasta que lo retomamos. Si estamos en paz, es por allí.

Pero ¿qué sucede cuando no sabemos hacia dónde? El gozo nos ayuda a descubrirlo. No se trata de un gozo efusivo, sino esa sensación que sentimos de algo que crece en el corazón, pero a la vez estamos en calma. He aprendido a diferenciarlo de la alegría que puede venir de la personalidad, que nos impulsa a hacer, que nos agita y hasta nos distrae de lo esencial. El gozo del alma es una sensación que se percibe en el pecho, aun cuando, por ejemplo, en nuestro estómago sintamos miedo. Por ejemplo, podemos estar recibiendo un email donde nos están despidiendo del trabajo. La mente comienza a especular que no conseguiremos otro, busca culpables, sentimos enojo y se nos cierra el estómago. Pero si observamos el pecho, puede que además de estar en quietud, sintamos gozo, una sensación que confirma que ese no era el lugar para nosotros en ese momento. A esa sensación me refiero. Y es esta sensación la que, si prestamos atención, nos irá definiendo hacia dónde sí y hacia dónde no. Podría resumirlo diciendo que lo que está en nuestro destino, aquello que el alma ha «pensado» para nuestra experiencia humana, se nos revela a través del gozo. Más adelante, retomaremos este tema para ver cómo el alma va poniendo en evidencia nuestros dones y talentos de la misma manera. Pero, por lo pronto, con esta pregunta nos permitiremos encontrar en nosotros, en la profundidad de nuestro ser, las respuestas que hemos estado buscando en otras voces, ya sea en las de otras personas o la de nuestra mente. Lo que siento aclara y define mi camino. ¿Me siento en paz? Sigo. ¿No la siento? Me detengo y reviso. ¿Siento gozo? La decisión esta alineada a nuestro destino. ¿No lo siento? Me detengo y reformulo. Y, como dije antes, no confundamos la paz y el gozo del alma, que se siente en nuestro pecho, a todos los parecidos que aparecen como una respuesta a nuestra mente pero que solo se sostienen si hay algo afuera de nosotros que lo hace.

## ¿Me acepto?

Hace algunos años estaba haciendo muchas cosas buenas según la mirada del mundo y la propia. Pero no me sentía realmente en paz. Había cierta exigencia en hacerlo, algo bueno, que quedaba bien, que hacía bien… Todo muy positivo, pero con exigencia. Eso no me dejaba disfrutar y mucho menos dejar de hacerlo. ¡Cuánta culpa dejar de hacer lo que hace bien! Por eso, me sentí obligado a continuar. Pero, si lo que estaba haciendo era bueno, sumaba y era positivo, ¿por qué no me sentía en paz? Allí descubrí que toda esta estrategia de tanto movimiento me estaba distrayendo algo que aparecía, pero se disfrazaba: trataba de ser bueno por temor al juicio de otros. Necesitaba la mirada aprobadora de los demás para sentirme valioso.

Cuando abrí los ojos a esta idea, que la había percibido en procesos en otras personas, pero nunca lo había visto tan claramente en mí, comprendí que la aceptación era el paso inicial para tener una relación amorosa conmigo. Es decir, que la mirada que necesito es la mía y que esa aprobación no esté determinada por cómo me califico, o si algo no me gusta aceptarlo con resignación. Esa es una aceptación a medias, que nos deja siempre terminando de buscar en otros lo que no nos damos.

Aquí hago un *mea culpa* de las personas que nos ocupamos de guiar procesos humanos de crecimiento o evolución, porque he visto, muchas veces, que nos entusiasman a estudiar, practicar o aprender algo porque, después de hacer esto, seremos mejores. Y lo cierto es que estaremos más instruidos, pero nada puede cambiar lo que ya somos. Y asumir ese valor es de la aceptación que hablo.

Un buen ejemplo sería pensar en la planta y la semilla, que son lo mismo, solo dos expresiones de una esencia. La semilla no es mejor que la planta, son estados de la misma esencia. Tampoco hay que hacer que la semilla llegue a ser planta, ocurre espontáneamente si acompañamos el proceso, porque es un destino asegurado. Darnos cuenta de que somos semilla y qué tipo de semilla somos, y que eso no puede cambiar, es un gran alivio para la mente que todo quiere hacerlo. La tarea, en este caso, es ir revelando eso que ya somos en las experiencias que el mundo nos va proponiendo día a día. De esto me extenderé en las preguntas que siguen.

Una de las maneras en que vamos aprendiendo a aceptarnos es quitándonos de encima lo que hemos usado para escondernos. A veces es una profesión, una posición social, otra persona o algún tipo de tarea valorada por los demás. Y cuando comenzamos a valorarnos fuera del entorno donde nos movemos con ese «disfraz», hay una conexión más pura con nuestra esencia y, en consecuencia, con nuestro valor.

Imaginémonos sin lo que consideramos valioso o importante en nuestra vida. Esa lista es diferente para cada uno, pero hay elementos comunes como trabajos, relaciones o círculos sociales, además de alguna posesión material con la que nos sintamos definidos. Solo imaginemos qué quedaría de nosotros si no estuviéramos allí y con esos elementos. Dejemos de lado el sentido de pérdida que seguramente aparecerá en este ejercicio. Solo fantaseemos con la idea de no estar allí, no tener eso, no ser parte de ese espacio. ¿Qué nos queda? Allí es donde comienza a asomar lo que realmente somos. Quizás sintamos un vacío, porque es una pregunta que posiblemente no nos hemos hecho, pero dejemos que las respuestas aparezcan.

Tendremos un atisbo de nuestra esencia. Y cuando la abracemos, el valor por nuestra presencia crecerá tanto como la aceptación por esta verdad. No será aquella aceptación donde tendremos que asumir lo que no nos gusta, sino la aceptación de la grandeza que ya somos, que vive en nosotros y está siempre disponible para ser manifestada, en una palabra, en una actividad o en nuestra simple presencia en un espacio. De hecho, la palabra esencia parece resumirlo: estar presentes en esencia, que lo que esté allí y mostremos al mundo no sea diferente a lo que realmente somos. Quizás lo hemos vivido con otras personas, cuando llegaron al espacio donde estábamos y aun sin conocerlas sentimos un respeto y una admiración que a nuestra mente no le hacía sentido pero que el alma pudo advertir. Esas son personas que ya no buscan la luz de otros, sino que ofrecen la propia, y nos van inspirando a que nosotros hagamos ese mismo camino hacia adentro.

Esto nos ordenaría a tal punto que la autoestima, algo de lo que muchas personas aún tienen en sus pendientes trabajar, se alinearía sin dificultad. ¿Quién podría tener un pensamiento poco amoroso hacia sí mismo, cuando se da cuenta de quien es realmente y acepta ese brillo individual? Caerían muchos de nuestros personajes, estrategias de seducción y disimulada manipulación porque ya no tendrían sentido. Estoy completo y cualquier opinión es bienvenida, porque aun cuando no sea positiva hacia mi persona, sé que será solo eso, un punto de vista de otra persona. Y así como acepto mi grandeza, puedo aceptar con serenidad al otro y sus opiniones. Quizás, lo que nos falta en el mundo no es llevarnos mejor entre los seres humanos, sino terminar de hacer las paces con nosotros mismos, así no dependemos de la opinión ajena, y, eventualmente, perderíamos el interés por opinar tanto sobre los demás.

Este camino de descubrirnos y aceptarnos no tiene un protocolo para todos por igual. En este libro hay ideas que nos irán dando pautas para hacer el camino. Nos daremos cuenta de que lo estamos haciendo y estamos logrando ver y aceptar nuestra grandeza, cuando podamos estar un tiempo con nosotros mismos, y estar en paz. Y quizás estar en movimiento, si estamos en un día de actividades, pero en paz. Que se nos ocurrió una idea y vamos a ponernos manos a la obra en algo nuevo, que parece desafiante, pero estamos en paz. Que estamos frente a alguien que nos cuestiona y que podemos responderle con amabilidad, porque estamos en paz. Esa sensación de paz interna nos va marcando que la mirada ya no está ansiosa por buscar otros ojos que la aprueben, sino que se mira a sí misma y celebra lo que ve.

## ¿Permito?

La vida es movimiento, nada es estático aun cuando lo percibiéramos de esa manera. Todo está en constante transformación. Desde nuestro cuerpo hasta todo lo que nos rodea, incluyendo las experiencias que no son tangibles como las emociones, están en ese proceso. Nuestras relaciones no son las mismas en un período de tiempo, no solo por las personas con las que nos involucramos, sino de la forma en que conectamos con las mismas personas. Todo cambia, todo se transforma.

Esto, a simple vista, parece una verdad que comprendemos y creemos haber aceptado, pero no siempre la asumimos como algo natural. Hay cosas que nos gustaría que fueran perennes o al menos que pudiéramos controlar cuánto duran, y otras que nos encantaría que terminaran tan rápido como descubrimos que no nos gustó o no nos convenía. Y en esa lucha andamos. Nada de esto está mal, porque nada durará, ni más ni menos de lo que tiene que durar, pero tratar de manipular el tiempo es un gran argumento para irnos de nosotros. No solo damos a cambio la paz interior, sino muchas cosas valiosas con tal de controlar el tiempo o la forma de lo que la vida nos presenta. Dejamos salud, dinero, tiempo…, es decir, nos dejamos a nosotros allí. Dejamos de vivir y ponemos nuestra vida en función de sostener lo que ya no es.

Por eso, esta pregunta puede despertarnos a asumir que la vida tiene sus procesos y permitirnos entrar en una danza con la realidad que nos reconectará con las ganas de vivir, aun ante una dificultad o una situación que no nos guste.

Para que algo comience, algo debe terminar. El martes no podría comenzar si el lunes no terminara, un año pasa para dejar paso a otro, una flor termina su ciclo para que la planta siga viviendo y floreciendo. Así también en nuestra vida. El mayor temor de soltar, cerrar, concluir o dejar de ofrecer nuestra energía a algo que sentimos que ha concluido, es el temor a lo que sigue. La frase «mejor malo conocido que bueno por conocer» debió ser escrita por alguien muy desconectado de la vida, seguramente amargado y por seguro lleno de miedo. Y está bien si para quien la piensa está bien. «Mejor me acomodo a lo que no me gusta, con tal de evitar el riesgo de lo que viene.» Pero hay una segunda parte de esta idea, que si aquella persona que la escribió la hubiera sabido, no hubiera dudado en borrarla y olvidarse de ella. Todo lo nuevo, siempre será bueno, será mejor y nos ofrecerá un contacto más profundo con la vida. Puede no gustarnos, pero ese es un tema que la personalidad tiene que resolver, porque siempre teme lo que no conoce y dictamina un juicio negativo para evitarlo. Pero cuando miro mi vida hacia atrás, veo que cada conclusión me ofreció algo mucho más abundante, en todo el sentido de esta palabra. Por eso soy el primero que comienzo a empacar maletas cuando siento que el tiempo de partir está llegando. No para salir corriendo, sino para no tener que salir a las apuradas cuando llegue el día y convertir ese final en un momento desagradable. Porque lo desagradable de los finales no suele ser lo que sucede, sino la forma en que los vivimos.

Permitir implica estar más conectados con lo que sentimos que con lo que vemos. La mente no sabe de finales, sino de apegos. Pero el alma está siempre dispuesta a dejarnos sentir cuando el proceso está pegando la vuelta final. Lo sentimos. Nos aburrimos con lo que antes disfrutábamos, nos pesa lo que antes se sentía liviano, nos enoja, nos disgusta, nos incomoda lo que antes nos daba satisfacción. Esas señales no deberían ser ignoradas, pero suelen pasar inadvertidas porque no nos miramos, sino que miramos afuera, a los otros, lo que sucede, y no siempre el final es tan obvio.

Recuerdo una vez haber llegado a casa de viaje, muy tarde, con un poco de hambre y lo más práctico que encontré para comer antes de ir a descansar fue un yogurt. Sentí un sabor diferente, pero nada tan importante como poder comer algo y llegar a mi cama. A medianoche desperté con dolor de estómago y pasé la noche en el baño. Mi alimentación, en general, es muy buena por lo que descarté lo que había comido el día anterior. Pero, por curiosidad, busqué el envase del yogurt para confirmar lo que ya imaginaba: estaba vencido. Las letras y números que indican la fecha del vencimiento eran muy pequeñas y estaban en la parte trasera del envase. Pasaron desapercibidas. El sabor me lo había dicho, lo había sentido al probarlo. Pero como el envase no tenía nada malo y la textura era normal, lo dejé pasar. Así mismo el alma nos avisa cuando algo está vencido. Se siente, porque la forma y lo que percibimos puede aún lucir bien. He escuchado en muchas historias de relación laboral cuando les cayó de sorpresa que los despidieran. «Todo estaba bien», me comentaban. Pero les pregunté: «¿No lo habías sentido?» Y me confirmaban que sí, solo que creían lo que sentían en relación a los jefes en unos, los compañeros en otros, o con problemas de las empresas en esos momentos. Lo que sentimos es nuestro, y si se siente «agrio», así como estaba el yogurt, aun cuando luzca bien, hay algo que esta terminando.

No siempre lo que termina tiene que ver con un final físico. A veces, es una manera de ver la vida o una forma de vivir esa experiencia lo que termina. Esto involucra muchos espacios de nuestra vida, pero destacaría dos: las relaciones laborales y las relaciones con otras personas. A veces, lo que esta terminando es un ciclo, pero la relación sigue. Esto sucede en la mayoría de los finales dentro de una relación. Estar incómodos con lo que estuvimos cómodo antes, es una señal de que tenemos que actualizar los lazos y el propósito por el que nos elegimos, ya sea como amigos o como pareja. Si nos conocimos con veinte años, es natural que a los treinta estemos llenos de incomodidades, porque ya no somos los mismos y necesitamos terminar ese tipo de relación para comenzar otra. Aquí es cuando marco la diferencia entre un final en la relación o un final de la relación. ¿Cómo identificarlo? Si no estamos en paz, necesitamos aceptar el final de una forma de relacionarnos, al menos de parte de quien se siente así. Si no estoy en paz no es terminar la relación lo que el alma me está mostrando. Pero si estamos en paz con la idea del final, es que hemos agotado todos los ciclos y estamos listos para cerrar ese compromiso, porque el alma, quien le daba sentido, ya lo hizo.

Si bien hay mucha menos emocionalidad y un sentido de compromiso menos profundo en las relaciones con los trabajos, aplico la misma regla. Si no estás en paz, no te vayas. Revisa qué actitud o forma de ver esa relación está pidiendo un cambio y hazlo. Si después de dar este paso sigues sintiendo que hay un final, pero ya se siente en paz, entonces todo se pondrá a favor de ese cierre de capítulo de tu vida.

Esta pregunta hace mucho más sentido si antes hemos incorporado las anteriores: «¿Me escucho?» «¿Me siento?» «¿Me acepto?» Con las respuestas de cada una será natural que permitamos que lo que tenga que caer caiga, y lo nuevo comience a cobrar fuerzas.

Como sociedad, también habrá un impacto evolutivo gigante cuando comencemos a permitir, como un acto consciente. Por ejemplo, hay casos muy puntuales en Latinoamérica donde el gobernante no es del agrado de la mayoría. Esto también puede suceder con el jefe en una empresa o algún líder comunitario. Cuando vemos la situación, no podemos dejar de pensar en cómo se sostienen en el poder si a la mayoría le desagrada. Pero si hilamos más fino, vemos que esa misma mayoría dedica gran parte de su energía en maldecirlo, insultarlo y maltratarlo, pero no dejan nada de energía para que un nuevo líder cobre fuerzas. La mejor manera de que un líder caiga no es ir en su contra, sino poner todo el empeño a favor de un nuevo líder y esa misma luz terminaría con la oscuridad. Pero no permitimos que se caiga porque, en lugar de buscar una vela para encender, nos quedamos en la oscuridad buscando culpables y planeando venganza.

Permitir es aprender a enfocar nuestra energía en lo nuevo, lo que sigue, lo que nos inspira, para que el final termine de ocurrir. Veo claramente cómo hay líderes que han terminado su ciclo, porque hasta poca fuerza tienen, pero siguen viviendo de la energía de quien les resiste, y se hace posible porque no hay nada nuevo que ocupe su lugar. El enojo es, sin duda, una de las formas en que los finales se hacen evidentes. Y alimentar el enojo en lugar de mover la atención a lo diferente es una manera muy usual en los seres humanos para engañarnos en pretender transformar realidades.

Sumaré otro aspecto del permitir, cuando no está involucrado en relaciones humanas, ni en finales, sino en principios. A experiencias que queremos tener, a circunstancias que deseamos atraer. Si bien dedico muchas páginas a este proceso en el libro *¡Activa Tu GPS!*, quiero sintetizarlo aquí.

Nada ocurre hasta que no permitimos que ocurra. Sí, podemos hacer todo lo que hay que hacer para que una situación se manifieste, pero no terminará de ocurrir hasta que no lo permitamos. ¿Qué es permitir en este caso? Saber que hay un momento cuando nosotros tenemos que dejar de hacer, para que la vida haga su parte. Suele usarse, en estos casos, el término soltar. ¿Pero quién querría soltar lo que en realidad quiere agarrar? Si bien la idea representa una verdad, la palabra crea, de entrada, mucho ruido. Por eso describo ese momento como «entregar». Lo dejo en otras manos que no son las de otras personas, sino de una voluntad e inteligencia mayor, que seguramente involucrará otras manos humanas, pero no estará bajo mi control ni supervisión lo que suceda.

Sabré reconocer el momento de entregar de la misma manera que reconozco un final: lo sentiré. Estaré haciendo lo que creo que debo hacer para que eso suceda, pero ya no me sentiré igual. Me estresará, me angustiará, me sentiré incómodo. Ese es el momento de dejar de hacer e invitar una energía que siempre tenemos disponible: la confianza. Cuando confiamos, el control va desapareciendo. Y, a menor control, más estamos permitiendo que los ciclos se completen.

Hagamos lo que sentimos hacer hasta que dejemos de sentirlo. Entreguemos lo que ya no sentimos seguir haciendo después de haberlo hecho. Y veremos cómo aquello que a veces hemos llamado milagros comienzan a ocurrir.

## ¿Me incluyo?

Confío que, cuando la vida me presenta una situación que asumo como mayor a mis posibilidades, cualquier pensamiento que me diga que no puedo, que no es para mí, que no lo lograré... es solo eso, un pensamiento, pero no una verdad. En el orden que el alma manifiesta nuestro destino, nada puede estar en desequilibrio, excepto las opiniones que tengamos sobre nosotros mismos. Es la personalidad la que interfiere poniendo aparentes límites, pero tengo la certeza que el alma no podría cometer ese error.

El error, en este caso, es no incluirnos y poner tanto la situación, buscando algún tipo de responsabilidad externa, como la solución, en manos de otros. Y, si bien es cierto que quizás no tenemos la totalidad de la responsabilidad y la resolución no depende totalmente de nosotros, la verdad es que, si nos incluimos y comenzamos por nosotros, lo demás se activa.

Una vez, en el gimnasio iba a levantar por primera vez una bola de cuero rellena que pesaba 50 kilos. La miré y mi primer pensamiento fue: «no puedo». Pero era la tarea que había asumido, y cuando bajé mi cuerpo para levantarla, otros advirtieron lo que estaba haciendo y se acercaron. Unos me ofrecieron su experiencia sobre la mejor posición y otros me acompañaron con sus manos para suavizar el peso. Esa ha sido una actitud constante desde mi juventud, después de usar la culpa ajena y creer en todo lo que me decía anticipando fracasos.

Por eso, cuando tengo frente a mí una situación desafiante, me pregunto: «¿Estoy dispuesto a asumir y hacer mi parte?»

Nos sucede en las relaciones, ya sean familiares o de pareja. Ante una situación conflictiva, lo que ha sido común hasta ahora es ver qué le sucede al otro, o los otros, o incluirnos en el nosotros. Pero ¿qué me sucede a mí con esto que estamos viviendo? Por allí es por donde puedo comenzar a tomar responsabilidad y tomar acciones. Hacer algo diferente que me devolverá la paz aun cuando esa situación no haya cambiado. Hacer mi parte y permitir que cada uno vaya haciendo la suya. Dejar de poner la responsabilidad en los otros, y menos aún las soluciones. Una vez resuelva mi parte, puedo acompañar a los otros si me invitan a hacerlo, o recibir ayuda de los demás si fuera necesario, pero incluirme es la primera tarea.

Cuando viajo en Latinoamérica es muy común escuchar «este es un problema del país, de nuestra sociedad». Pero, ¿en qué consiste ese país, sino en la suma de todos los que viven o pertenecen a él? Y quien, de todas esas personas, tengo a mi alcance, evidentemente soy yo. Por eso, convertir en mi tarea lo que deseo que el grupo cambie también es una manera de incluirme. Ante el desafío, vuelvo a mí y reviso si me he incluido. Lo sentiré. Muchas formas de enojo o frustración son la evidencia de que no lo hemos hecho. Cuando lo sintamos, volvamos a nosotros y hagamos nuestra parte.

## ¿Me reconozco en los demás?

En este mundo donde los cinco sentidos determinan lo que creemos que es real y lo que no, hemos pensado que todo lo que percibimos a través de ellos, al verlo afuera o a distancia de nosotros, nos es ajeno. Creo que lo que veo en ti es tuyo y lo que me pasa a mí, si es una respuesta a lo que tú dijiste o hiciste, tiene que ver más contigo que conmigo. La prueba de esto es que gastamos muchísima energía tratando de convencer, cambiar y ayudar a los otros, hasta enjuiciarlos y penalizarlos por lo hecho. Creemos que lo que sentimos es provocado por la otra persona y para dejar de sentirlo necesito que lo dejes de hacer. O, si quiero sentir algo especial, sentirme importante o valioso, por ejemplo, la tarea la hago también con el otro: le explico lo valioso que soy, trato de que lo acepte y actúe en consecuencia, sin llegar a entender que sentirlo depende de mí, y que el no sentirlo yo, conmigo, hace que te lo pida a ti. Y aun cuando trates de complacerme no será suficiente, porque no puedo recibir de ti lo que no me he dado.

Por eso, esta pregunta nos lleva a mirarnos a través de los otros. ¿Me reconozco en los demás? Te miro a ti, pero me ocupo de mí. Si estás diciendo algo ofensivo y yo me lo creo, antes de pedirte que te calles o cambies de opinión, me escucho a mí a ver por qué me he tomado tan personal algo que no nació de mí. Y podré darme cuenta de que, en algún punto, lo más probable de manera inconsciente, eso que me molesta al escuchar de ti es porque yo me lo estoy diciendo en voz baja, muy baja, porque no lo quiero escuchar. Aquí aparece la necesidad de escucharnos. ¿Me escucho?

Esto no se trata de estar de acuerdo o no con lo que recibimos de los demás. Sino que, antes de dispararnos a tratar de analizar al otro y reaccionar, pongamos la lupa en nosotros revisando qué nos pasa con eso que estamos viviendo. Aprovechar la oportunidad de ver en esa experiencia con el otro, lo que me sucede a mí. Si hemos ido incorporando las preguntas anteriores, «¿me escucho?», «¿me siento?», «¿me acepto?», «¿me incluyo?», resultará natural y espontáneo que, ante la presencia del otro, nos observemos nosotros.

La respiración, de manera consciente, nos puede auxiliar en estos casos donde, sin advertirlo, ya estamos perdidos en el otro y alejadísimos de nosotros. Por eso, cuando comencemos a perder la paz ante alguien, renunciemos a irnos hacia la otra persona, que será el impulso natural, y démonos unos minutos para nosotros. En ese momento, no vayamos al análisis ni a una observación crítica, porque habrá mucha emocionalidad y la mente disparará ideas para distraernos. Simplemente cerremos los ojos, y respiremos profundo, lo más profundo posible, varias veces. Al abrirlos podremos tener más calma y obedecer esta voluntad que va tomando fuerzas, la de volver a nosotros.

## ¿Uso la energía del amor?

De todas las energías disponibles en este planeta, el amor es la más elevada. Quizás por eso la figuramos con una luz, la identificamos con los sentimientos más puros y nobles y hasta llegamos a relacionarla directamente con Dios. El amor, a su vez, no tiene una existencia por sí mismo, sino que cobra fuerzas cuando se relaciona con un gesto, una actitud o una acción. No podríamos sentir amor por el amor mismo, sino que recibimos su energía en un abrazo, en palabras o en un paisaje. El amor está presente en todo lo que existe, a veces de manera muy pequeña, otras en abundancia.

Esta participación del amor en todas las experiencias terrenales no depende del amor en sí, sino de la conciencia de quien esta dispuesto a usarlo. Una persona que está haciendo algo en perjuicio de otra tuvo acceso a hacerlo diferente, con amor, pero eligió lo que su conciencia, nublada por el miedo, le dejó ver. Pero el amor no estuvo ausente. Estuvo disponible, solo que fue ignorado.

Si queremos ofrecer lo mejor de nosotros, ofrezcamos la energía del amor. Esto no siempre coincide con lo que hemos aprendido que es el amor. Por ejemplo, si estoy envuelto en una conversación en la que comienzo a sentirme atacado, no logro reconocer lo que es mío y pongo toda mi energía en el otro, seguramente contraatacaré. Pero si estoy decidido a usar la energía del amor, podría tomar distancia y alejarme. Esto, desde mi razón, sería un acto de escapismo, de evasión y hasta de cobardía por no animarme a enfrentar la situación. «Estoy siendo agredido y debo defenderme», es lo que la personalidad me dirá. Pero lo que ofreceré no será amoroso, la evidencia es que de antemano perderé la paz. Por lo tanto, alejarme, en este caso, es lo más amoroso que puedo ofrecer en ese momento. Esto no quiere decir que alejarse en todos los casos sea amoroso, pero lo es en esta circunstancia. No hay un manual para definir qué acciones son amorosas, excepto una regla muy clara: si lo que voy a hacer, decir, decidir o pensar se siente en paz, lleva impregnada la energía del amor. No siempre cumplirá con mis agendas o las agendas y expectativas de otros. Pero será lo más amoroso. Y si la energía del amor está presente ya hay ciertas garantías dadas: podremos ver con más claridad y serán los ojos del alma, ya no nuestras razones, las que nos mostrarán la verdad. Y allí, la compasión, la comprensión, la confianza y tantas bondades del alma se facilitarán.

Así también con todo lo que hagamos y no necesariamente en situaciones conflictivas. Cuando tenemos un anhelo por hacer algo que sentimos propio, puede ser un proyecto o un viaje: ¿qué pensamos de eso? ¿Qué decimos de eso en nuestras conversaciones? ¿Nos esforzamos en tomar acciones que nos hacen perder la paz, pero insistimos porque queremos controlarlo? Si en alguna respuesta nos damos cuenta de que no nos sentimos en paz, debemos tomar conciencia que por un lado estamos plantando una semilla que esperamos que crezca, y por el otro, en lugar de regarla con la mejor agua, que es el amor, le estamos poniendo piedras y terminaremos por ahogarla. Lo que se hace con amor crece, se expande y se fortalece. Cualquier otra energía podrá crear algo similar en el mejor de los casos, pero no podrá sostenerse. El amor es vida, y donde no permitimos que el amor habite, la vida no ocurre.

Quizás con lo que más hemos relacionado la energía del amor es con las relaciones, tanto las personales como las de pareja. En estos casos, es fundamental que la energía del amor esté presente, está tan claro que les llamamos relaciones amorosas. Pero a veces nos quedamos en formatos de amor que son sustitutos de esa preciosa energía y no llevan impregnada la luz de su esencia. Si lo que quiero es generar, sostener y crecer en un lazo amoroso contigo,

¿cómo me siento con lo que te digo? ¿Cómo se sienten los pensamientos que tengo hacia ti? ¿Cómo me siento en mis actitudes y mis acciones contigo? Si hay amor, habrá paz.

Sé, de primera mano, que esto no es tan frecuente como imaginamos. Por ejemplo, encuentro personas que no expresan lo que sienten a su pareja por miedo a ser rechazados, y creen que hacen esto por amor, para cuidar a la otra persona. Lo cierto es que no están en paz y eso no dicho genera un silencio que los va alejando, aun cuando estén cerca físicamente. ¿Qué nos sucede, por qué no podemos llevarnos bien, si yo hago todo lo posible por no preocuparlo?, me preguntan. «Sucede que lo que estás haciendo es una gran estrategia de tu personalidad, pero lo que la otra persona siente es desconexión, porque la energía del amor, en este caso, no está presente. Dile lo que sientas de la forma más amorosa posible. Es decir, busca tu paz con eso que te preocupa, y luego busca una manera de expresarlo para que se sienta en paz. Aun cuando lo que digas no sea esperado, o creas que te alejaría de tu esposo, él se sentirá amado y respetado, que es una de las formas de amor más útiles para el ser humano.»

La energía del amor se siente, se reconoce en la paz que experimentamos cuando estamos en contacto con ella. Si nos sentimos en paz, demos el paso. Si no, aun cuando esa acción represente lo más amoroso según nuestra personalidad, detengámonos y revisemos si eso es lo que realmente queremos compartir.

## ¿Reconozco y respeto mis dones?

Nuestro destino no es negociable. Con esto no contradigo otra verdad: todos tenemos, por nuestra conciencia, el derecho al libre albedrío. El destino es del alma y afecta a nuestra esencia y, por su lado, la personalidad tiene la libertad, según el uso de la conciencia, de vivirlo a su manera.

Mi don es el de comunicar. Eso le da un claro camino a mi propósito de vida: esto es lo que vine a hacer. Es decir, hacemos lo que somos para poder desplegar nuestro destino. Ese destino no es negociable. La manera que yo lo haga es mi elección, así como los fines para los que utilice cada acción inspirada desde mi don. Pero no puedo sentirme en propósito haciendo lo que se me dé la gana. No porque no pueda hacerlo, ya tengo la libertad de elegir, pero solo me sentiré en propósito asumiendo lo que vine a hacer.

De alguna manera, el alma diseña ese camino que vamos a recorrer en la experiencia física y lo va mostrando desde que llegamos al mundo. Si observamos a los niños, notaremos la emoción con que responden a ciertos juguetes o actividades, o la honesta indiferencia hacia otros que los mayores pueden catalogarlos más valiosos o importantes. Esas primeras experiencias nos van marcando un camino, escrito en el alma pero que no es revelado hasta que lo sentimos viviendo experiencias físicas. He hecho hincapié en que el alma nos habla a través de lo que sentimos, y el gozo es el llamado de atención cuando nos quiere mostrar lo que está para ser vivido, experimentado y, por supuesto, desarrollado.

Aun cuando la personalidad pueda demorarlo, disfrazarlo o confundirlo, el alma no negocia su destino. Puede que sea al final de la vida física, si es que nos hemos distraído, pero nadie se va de este mundo sin entender para qué está aquí y haber vivido, aunque sea un instante, esa experiencia.

A veces, nos confundimos porque creemos que, porque no hemos «vivido» de eso, tal como se le llama a ganar dinero por un trabajo, estuvimos esquivos a propósito. Y es que quizás no hemos cobrado por nuestros dones, pero no podríamos haber sentido propósito en nuestra vida si no los hubiéramos ejercido de alguna manera. He comentado que entre mis 20 y mis 30 años trabajé en muchos tipos de labores, desde vendedor de pizzas hasta diseñador de zapatos. No tenían una relación directa con mi don, pero la manera en contactar con los clientes que llamaban para pedir envíos de pizzas a sus casas era muy similar a la que hoy puedo tener con personas que se acercan a compartir algo de lo que hayan escuchado de mí en las redes sociales o en una conferencia. En otro contexto, mi curiosidad en la escucha y la agudeza en una respuesta no eran las de un vendedor de pizzas común. La comida, en este caso, era la excusa, pero la conexión, que me permitía comunicarme con ellos, era lo que me daba fuerzas para sentirme vivo en esa tarea. De igual manera, no pensaba tanto en el zapato como en la necesidad que esa persona tenía para comprarlo, la mayoría de las veces necesidades emocionales que podía identificar, y el nexo era lo que tenía a mi alcance en ese momento: un par de zapatos. Ese interés mantenía mi fuego interior encendido. Hoy es este libro, que me facilita aún más ejercer mi propósito. Pero no son los elementos, sino la intención que le damos y alinear esta al propósito del alma.

Por eso, esta pregunta cierra este proceso que nos ayuda a volver a nosotros. Nos escuchamos, nos sentimos, fluimos y permitimos, nos incluimos, nos vemos a través de los otros, usamos la energía del amor, y con todo esto nos sentimos firmes en nuestro espacio conviviendo y compartiendo en armonía con el resto de la humanidad. Digamos que habremos comenzado a jugar ordenadamente el juego de la vida. Pero, si no asumimos nuestros dones y nos ponemos en función de ellos, habrá un vacío que no se sentirá mal, que no tiene relación con la tristeza ni sentiremos angustia, pero habrá un anhelo por sentirnos más comprometidos e involucrados con la vida en su sentido más profundo. Y allí es cuando debemos revisar si hemos reconocido y somos obedientes a los dones que el alma trajo para compartir.

Un ejercicio muy simple para identificarlos es revisar en lo vivido, todos los momentos donde nos hayamos sentido plenos. Incluso cuando hayamos estado atravesando una dificultad, identificaremos una fuerza en nosotros que nos mantenía conectados profundamente a la vida. ¿Qué estábamos ofreciendo? ¿Qué cualidad natural florecía espontáneamente? ¿Qué actividad estaba relacionada con eso? ¿Qué era lo que los demás valoraron de eso que ofrecimos? ¿Por qué nuestros amigos eligen conectar con nosotros en determinados momentos?

Detrás de estas preguntas, irán apareciendo respuestas comunes que nos marcarán una línea escrita por el alma. Atenderla terminará por darle a nuestra presencia en el mundo un sentido único, y crecerá el entusiasmo en ir más allá de nosotros, ya no para escapar o evitarnos, sino para extendernos en cada acción que ofrezcamos al mundo. Ya habremos vuelto a nosotros para nunca más abandonarnos.

# Segunda parte

## Paso a paso, de regreso a mí

# Del saber al hacer

No es el saber lo que va ampliando nuestra conciencia. El conocimiento tiene una parte importante, crearnos interés, abrirnos mentalmente a percibir algo diferente, animarnos a dar el siguiente paso, pero es la acción consciente, el hacer, la que permite que la consciencia se expanda.

¿Cuántos de nosotros no sabemos claramente qué alimentos no le hacen bien al cuerpo? Y, aun así, hay momentos que caemos en la tentación y los comemos de todas las maneras. ¿Quién no sabe que el amor es fundamental para conectar con las personas que elegimos en nuestra vida? Aun así, usamos el miedo y todas sus formas. Hasta que hacemos algo diferente y la conciencia comienza a abrirse, porque hemos vivido una experiencia que impregnó nuestra presencia de esa experiencia. Ya no solo lo pensamos, sino también lo sentimos y la energía de eso nuevo se instala en nosotros.

Por eso, esta segunda parte nos muestra historias reales, de personas con las que he compartido hablando de sus vidas y mis respuestas para traducir lo que ya sabemos a maneras más practicas y puntuales de hacerlo. Cada pregunta invita a una respuesta mucho más extensa de la que publico, pero cada una es una invitación a abrirnos a revisar qué nos pasa a casa uno. Ofrezco mi verdad ante esa situación, y cada una irá encontrando la suya. Es un juego donde aprenderemos con otros, de nosotros.

# Buscando el eje

*Soy una madre soltera y me considero una supergerente; cumpliendo con mi trabajo, atendiendo a mis hijos, resolviendo problemas todos los días, no solo de mi propia familia sino de mis hermanos y mis padres. Cuando al fin logro encontrar un rato para mí, por ejemplo, para relajarme y meditar, no puedo desconectarme de las preocupaciones. Son como mil voces en mi mente, y de nada sirven las técnicas de respiración que he tratado de usar. ¿Qué estoy haciendo mal?*

*Natalia*

Querida Natalia,

La meditación no es una medicina o una poción mágica que vaya a resolver un problema por sí sola. Es una herramienta, un recurso que puede ayudarnos en un proceso que está bajo nuestra responsabilidad; un proceso en el que con mayor o menor consciencia trabajaremos la mayor parte del día, no solo cuando practicamos una técnica. No se trata de algo que podemos resolver en 5 minutos, como una tarea más en la larga lista de esas obligaciones que te agobian.

Tu vida cotidiana es como una rueda que no para de girar y tú estás en la parte externa de esa rueda, recibiendo los golpes, sintiendo directamente los baches y las piedras. Pero en el centro de esa rueda que gira sin parar está su eje: quieto, en paz. Hacia allí tienes que dirigir tu atención en cada momento, en cada situación y, sobre todo, al buscar una nueva manera de relacionarte con ese entorno que tanto te esfuerzas por atender. Tú sientes que estás constantemente atendiendo necesidades de otros, te sugiero tomar consciencia de lo que sientes al hacerlo. Quizás descubras que, en realidad, estás tratando de satisfacer algo tuyo. ¿Qué es? ¿Es realmente una necesidad o más bien una forma que asume el miedo o la culpa? Ese puede ser un buen primer paso para ir descubriendo una manera más auténtica de ti, la de una mujer que pueda ser igualmente buena madre, hija o hermana sin sacrificarse ella misma.

Con esa intención en claro, incorpora la meditación, no como un proceso a aprender o una técnica que cumplir, sino como un estado a alcanzar.

Aquiétate, date un momento, aunque sean minutos, para ti, para hacer nada. El solo hecho de tener que meditar le está poniendo a tu agenda una actividad más. Pero si buscas ese espacio de quietud interna lograrás ese estado meditativo, donde observarás tu entorno, pero, por esos minutos, no te involucrarás en él. Lo observarás sin intervenir. Al principio será desafiante, porque aparecerá la culpa de no hacer nada, de abandono, de descuido…, pero quédate allí. Esa misma culpa es la que no te deja detenerte. Solo que ahora la observarás para darte cuenta de que esas historias que narran que tu familia no puede estar sin ti, terminará siendo solo eso, una historia.

Puedes ayudarte con la respiración. No la exijas, no la empujes. Solo suavízala como si cada inhalación y exhalación fueran caricias que te haces.

Contestando a tu pregunta, no estás haciendo nada mal. Estás haciendo demasiado por los demás y no estás haciendo suficiente por ti.

# El silencio no es mudo

*Desde siempre he sido muy tímido. Decir lo que siento nunca me resulta fácil; a veces hasta me provoca pánico. Siempre he sido un hombre callado y la verdad esto no me parece que sea siempre bueno ni sano, por lo que me cuesta entender por qué recomiendas tanto el silencio.*

*Sergio*

Querido Sergio,

Guardar silencio no es cerrar la boca y mucho menos reprimir lo que nuestro corazón nos pide decir. Tampoco es parálisis o inacción. El silencio no significa ser pasivos ante el mundo. Al contrario, cuando se producen acciones extraordinarias, la persona generalmente ha tenido que atravesar un proceso de profundo silencio, de acallar todo lo que dicen o aconsejan otras voces, para escucharse a sí mismo y tomar decisiones.

Es así: el silencio no te enmudece. Podríamos decir que a través del silencio es posible encontrar y oír tu propia voz. Y cuando eso sucede, vences esas dificultades de comunicación de las que nos cuentas.

En el auténtico silencio nos conectamos con nuestros sentimientos, y eso es lo primero que necesitamos para luego poder expresarlos.

Tú sientes que hay mucho silencio en tu vida, y quizás es todo lo contrario: hay un gran ruido interno, una mezcla de ecos de tu propia historia, de miedos que te atenazan y te impiden abrirte al mundo.

Busca más espacios de silencio contigo, para escucharte, y podrás ser menos silencioso para el mundo, expresando tu propia voz, que se sentirá más cómoda. La timidez suele simplemente ser un juicio que nosotros mismos nos hemos hecho sobre lo que vamos a expresar. Por eso callamos. Pero si hacemos silencio y aprendemos a escucharnos, sabremos diferenciar entre esas voces, cuál dice la verdad y cuál nos cuenta solo historias. Lo sentirás; lo que te dices y no se siente en paz no puede ser verdad.

# El perdón sanador

*Mi inquietud es acerca del perdón y el dolor. Muchas veces he creído perdonar a mi pareja, mi familia, mis amigos, y luego se producen nuevas circunstancias que me muestran que, en realidad, no he perdonado. Me duele y me siento terrible. Trato de cambiar ese sentimiento, pero no lo he logrado aún. No me quiero mentir a mí mismo diciéndome que perdoné, que olvidé, y no sentirlo realmente.*

*Carlos*

Querido Carlos,

Generalmente queremos perdonar porque ya no aguantamos más el dolor que nos produce nuestro propio juicio hacia la otra persona. Y si bien ese dolor perderá fuerzas al perdonar, el propósito no debería ser solo eso, sino animarnos a ver de otra manera lo sucedido.

Perdonar no tiene tanto que ver con lo que pasó, con lo que vivimos, sino con dejar de sostener esas expectativas que teníamos acerca de lo que debió pasar o de cómo debió ser el otro. No trates de cambiar el sentimiento. El sentimiento va a cambiar solo, naturalmente, cuando comiences a perdonar.

Si quienes no perdonan fuesen conscientes de todo el movimiento tóxico que ocurre en su cuerpo, en nuestra energía, cuando no perdonamos, perdonarían por conveniencia. Pero no somos tan conscientes.

Lo fundamental es la honestidad de reconocer que somos los primeros actores de ese entorno tóxico, porque insistimos en juzgar cómo deberían haber sido las cosas. Se trata, ante todo, de reconocer con humildad que no tenemos el poder de decidir lo que las otras personas deben hacer y cuándo lo deben hacer.

No sufrimos por lo que nos hacen, sino por la manera en que reaccionamos o nos relacionamos con eso. Si me insultan y yo logro sentir compasión por esa persona que insulta, voy a sentir mucha paz y un corazón amplio. Pero puedo también comprimir mi corazón para provocar enojo. Yo decido; yo elijo qué tipo de experiencia quiero vivir.

Cuando entiendas que lo ocurrido tiene que ver más contigo que con las acciones de otros, allí vas a comenzar a deshacerte de la emoción, de tus sentimientos contrariados, que en realidad te están diciendo que vas por un camino equivocado. Una tentación es anestesiarte, que es una de las maneras más comunes, tratando de no sentir lo que en ese momento necesitamos experimentar emocionalmente. Y la otra es todo lo contrario: generar emociones más fuertes y dolorosas aún, situando la fuente del sufrimiento en otra situación o persona. Es una locura, pero es generalmente lo que hacemos. Por eso, no trates de modificar tus emociones, sino la razón de ellas. Perdonarlos es dejar de pretender que las cosas hubieran sucedido a tu manera o ellos hubieran actuado según tu punto de vista. La aceptación es el paso para dar. Esto no implica estar de acuerdo con lo que ocurrió, sino en dejar de insistir en lo que debería haber sido. Dejar pasar esos pensamientos, cuando lleguen, te irá liberando de lo que provocan esos sentimientos de malestar.

# La vida, cómplice del alma

*Desde que emigré me encuentro en una situación muy poco có-
moda. Soy profesional universitaria, tengo 58 años y he trabaja-
do desde que tenía 13. Actualmente no estoy siendo productiva,
no tengo metas profesionales y no logro conseguir algo que me
agrade. Mi currículo no ha tenido mucha aceptación. He podido
permanecer en esta situación por el apoyo de mis hijos y algo por
mis ahorros. No he logrado vender ninguno de los bienes que me
quedaban en mi país y me siento un poco a la deriva. No es lo
que esperaba. Siento que pasan los años y no logro concretar
ningún proyecto, sea cual sea que emprenda, y además no he
encontrado ninguna pareja. ¿Me ayudas a comprender?*

*Luisa*

Querida Luisa,

La vida siempre nos está ofreciendo algo, siempre nos muestra una
posibilidad, aunque no siempre la veamos. Cuando pensamos que
no es así, es porque estamos distraídos esperando lo que nosotros
creemos que la vida debe darnos. Si vemos un vacío es porque nos
hemos quedado mirando un lugar que no es el que la vida nos invita a mirar. Parece que has estado muy ocupada en hacer las cosas
bien, en estar pendiente de los demás, en asumir responsabilida-
des…, y eso estuvo muy bien. Pero ya asomándote a los 60 años, la

vida te está pidiendo que te ocupes de otras cosas que quizás no habías considerado antes, como por ejemplo tus relaciones familiares. Tus hijos te ayudan, y en lugar de verlo como una bendición, lo percibes como un error o un inconveniente, y no es así. Si tus hijos lo pueden hacer y tú puedes recibirlo, está en orden para este momento de tu vida. Ellos tuvieron un tiempo donde recibieron mucho de ti. Esa es la primera razón, quizás, de por qué sientes que la vida no te está dando. Te lo da a través de ellos.

Y en cuanto a la pareja…, deja de buscar tanto. Deja que alguien te encuentre, alguien que probablemente está necesitando una mujer tranquila, no necesariamente una mujer independiente. Quizás solo alguien a quien poder acompañar y querer. Me parece que la vida en este momento está siendo un buen cómplice de tu alma y te está invitando a que te serenes para que ocurra lo mejor y algo nuevo.

# Cerrar capítulos para recibir lo que viene

*Mi hijo egresa de la primaria y la escuela me pidió que seleccionara fotos de la familia desde sus dos años. Esto me afectó demasiado…, no me imaginé que sería tanto. Tengo miedo de ponerme a llorar en el acto de grado. Por otro lado, se supone que tengo que ir con el papá, mi exmarido, y ni siquiera sé si él quiere asistir. Debería ser un momento feliz, pero no lo es. ¿Qué hago para no estar triste y dejar de torturarme con la idea de que la familia de tres ya no pudo ser?*

*Marisa*

Querida Marisa,

Dedicar tu energía a la familia que «ya no pudo ser», es muy injusto para ellos, que forman una familia real y muy valiosa, que hoy tiene otra forma, pero los lazos siguen allí. Lamentablemente, nuestra mente nos mantiene dando vueltas en el círculo de las cosas que no dijimos, las que no debimos decir, de lo que dejamos de hacer o lo que hicimos, todo teñido por la culpa y el dolor por lo que no fue. ¿Y qué de todo lo que sí fue? ¿Qué de todo lo que has ofrecido como mamá a ese niño que ahora empieza a celebrar sus logros, que son también tuyos? Reconocer y agradecer profundamente por todas esas cosas extraordinarias es el primer paso para que tu mente deje de arrastrarte al pasado. Aprovecha este momento, esa misma confrontación con las viejas fotografías, para tratar de cerrar esos capítulos que quedaron abiertos, para hacer las paces con una historia que no debes juzgar como buena ni mala, sino como parte de un camino que hoy te permite estar donde estás. El dolor nos pone egoístas, porque nos obliga a mirarnos a nosotros, pero para descuidar a los demás.

Si dedicas este momento a tu hijo, que es quien debe ser el protagonista de este día, el amor que le tienes te dará las fuerzas para desafiar las emociones contrariadas y poner tu mirada hacia adelante, donde hace tiempo dejaste de mirar.

# El miedo a morir es el miedo a vivir

*¿Como liberarnos del miedo a que los seres queridos mueran? Yo siempre he vivido con ese miedo, desde que era niña, y ese sentimiento no me deja ser feliz.*

*Mariel*

Querida Mariel,

La muerte física es una realidad. Parece mentira que tengamos que afirmar algo tan obvio, pero es así: todo a nuestro alrededor, todo el entorno social, nos impulsa a negar esa realidad. Lo curioso, muchas veces, es que ese temor desproporcionado se alivia cuando nos atrevemos a enfrentarla, a aceptarla como el hecho natural que es. Mirarla de frente, lejos de asustarnos, nos libera.

No debemos tener miedo de imaginarla, de visualizarla. Te animo a que lo hagas. Cuando nos atrevemos a nombrar la muerte, a asumirla, la nuestra y la de nuestros seres queridos, es como si se rompiera un extraño encantamiento. Es una manera de ir elaborando una situación que tarde o temprano nos alcanzará, y debemos estar preparados.

Quizás no es fácil en principio, y podemos incluso llorar de solo asomarnos a la posibilidad de la muerte…, pues hagámoslo: lloremos y permitamos así que las emociones que están allí ocultas encuentren un canal por donde fluir. En cualquier caso, y más allá de este ejercicio, el verdadero antídoto contra el pánico frente a la muerte es la vida: el enfocarnos en vivir plenamente le quita fuerzas negativas a la muerte. Suele ocurrir que las personas que más miedo tienen a la muerte son las personas que menos están disfrutando de su vida.

# Cuando damos lo que necesitamos

*No he logrado establecer una relación de pareja. Veo hacia atrás y me doy cuenta de que todos han tenido algo en común: son hombres inseguros y con ellos he actuado como una madre o cuidadora. Me alejo por completo de lo que conscientemente espero de una pareja. Quiero un hombre seguro de sí mismo, que tome decisiones, que sea independiente..., pero atraigo lo contrario.*

*Clara*

Querida Clara,

Si atraes hombres que te buscan por tu rol de cuidadora deberías preguntarte qué consigues cumpliendo ese papel. No analizar a esos hombres, que es lo que generalmente tendemos a hacer. Allí encontrarás respuestas, pero no son las que necesitas. Sino poner la mirada en ti.

Si esas relaciones «llegan», hay algo en nosotros que está permitiendo que eso ocurra o que no ocurra algo diferente. ¿Qué consigues con ese rol? Quizás la respuesta más cierta sea: lo opuesto a lo que creo que deseo. ¿Qué pasaría si encontraras a alguien que no necesite que lo cuides?

Hay allí algo asociado a tu valoración personal: «Soy valiosa si puedo proteger, o si puedo ayudar, o si puedo ser la mamá». Tú sabes que quieres algo distinto, pero hay una vieja versión tuya que construyó esa forma de amar, y esa vieja versión no quiere detener la mirada sobre personas distintas.

Tienes miedo porque, si te acercas a una persona que no te necesita de esa manera…, ¿qué pasaría? No te sentirías valorada, y esa es una fuente enorme de dolor.

Insisto: no eres tú, en esencia, quien se comporta así. Es solo una versión de ti y, como tal, en tus manos está evolucionar hacia una forma de amor que no dependa de esa manera exagerada de dar y esperando con ello ser correspondida. De momento, date un tiempo para no poner atención en otras personas que no seas tú. Y cuando recuerdes todo lo que hacías por ellos, ahora haz lo mismo por ti.

Un hombre seguro es posible que busque una mujer segura que se ocupe de ella tanto como de él. Pero que se ocupe de ella. El primer acto de amor es animarnos a amarnos. Y entiendo que esta tarea no tiene una agenda fija, pero sí implica atendernos, escucharnos, ocuparnos de nosotros sin perdernos tanto en los demás. Esto no implica descuidar a los otros, sino encontrar equilibrio entre lo que te das y lo que compartes. Este equilibrio ocurre espontáneamente cuando comenzamos a ocuparnos de nosotros, porque es inmediato que queremos compartir nuestro bienestar. Pero la línea es difusa cuando nos ocupamos demasiado de los otros y espero sentirme pleno por eso, porque hay un punto en que nunca parece suficiente. No porque los demás nos pidan, sino porque nosotros no podemos dejar de dar hasta sentirnos valiosos. Como ese sentimiento no depende de lo que hacemos con los otros sino con nosotros, nunca llega a sentirse. Y seguimos dando porque queremos sentirlo, y nos perdemos en esa carrera.

Estoy convencido de que cuando estamos claros de quiénes somos, atraemos eso que somos. Pero cuando no lo sabemos, atraemos lo que no somos para darnos cuenta de lo que no queremos, lo que no necesitamos, lo que no representa nuestra energía. Llegó el momento de mirarte a ti, para que luego otros que vengan a compartir y sumar también puedan mirarte.

## Los límites de la convivencia familiar

*Estoy felizmente casada desde hace 22 años y jamás compartí mi vida con nadie; solo mi esposo, mis perros y yo. No tuve hijos por una enfermedad crónica. Pero, ahora, por diversas circunstancias, mis suegros viven con nosotros. Son mayores y con muchas costumbres que no comparto. Sé que debería tenerles paciencia, pero no la tengo, y a veces siento que se quieren apropiar de mi casa. Eso me molesta, como también me molesta que manipulen emocionalmente a mi marido. Te pido, por favor, que me orientes en cómo llevar esta relación.*

*Luisa*

Querida Luisa,

Los padres no pertenecen a nuestro círculo inmediato cuando ese espacio lo construimos en pareja. Eso no significa que no puedan integrarse en un determinado momento. Claro que pueden convivir con ustedes, pero entendiendo que son invitados, y que deben existir unas reglas de juego claras. Esto puede ser difícil de entender para ellos. Creen que, porque son mayores, siempre tienen o deben tener la autoridad, y no es así. Ellos han tenido autoridad en su espacio, pero ahora los dueños de la casa son tu esposo y tú.

Quien está en mayor posibilidad de ofrecer una solución es tu esposo, porque es el más cercano a ellos, es su hijo. Mi recomendación es que te sientes a conversar con él y le digas claramente cómo te sientes, que lo sepa no por tu cara o tu actitud, sino con la verdad de tus palabras. Que entienda que lo que sientes no significa estar en contra de sus padres, sino a favor de tu familia, de tu espacio, de lo que han creado juntos. Acordar unas reglas claras y posibles, por ejemplo, sobre qué espacios son comunes y cuáles íntimos, y también establecer algún tipo de regla de comunicación, para poder expresar lo que cada uno va sintiendo.

Siempre digo que los latinoamericanos tenemos dificultad para usar los «sí» y los «no» adecuadamente. Para decir sí o no, decimos mil cosas, pero a veces hay que usar simplemente esas palabras.

# Un «amor» adictivo

*Vivo con un nudo en la garganta por no poder decir todo lo que me guardo. Llevo cierto tiempo enamorada de alguien con quien tuve una relación más bien fugaz. La palabra correcta no sé si es enamorada…, más bien es un irrefrenable deseo de estar con él. Trato de disimularlo y creo que es peor. En algún momento quedó claro que él no quiere y no puede comprometerse. Yo, por mi parte, solo quiero verlo, charlar, estar cerca, pero me reprimo por miedo a ser pesada. Muy pocas veces aparece y cuando yo lo busco me responde amablemente, y en cada momento que compartimos me trata como una reina. Sin embargo, siempre vuelve la distancia y su ausencia me produce un verdadero dolor.*

*Jennifer*

Querida Jennifer,

Obviamente esto no se trata de amor, ni siquiera de enamoramiento. Es frecuente en este tipo de relaciones que, en algún punto, la otra persona represente la respuesta a ciertos miedos como, por ejemplo, a no sentirnos atractivos o deseados. Es lo mismo que ocurre en otras adicciones. Nos hacemos adictos a esa persona porque sentimos que nos completa, que nos llena, aunque no se trate más que de una ilusión. Así el ego entra en modo de búsqueda ansiosa: quiere,

quiere, quiere. Con esa insistencia que me describes, aunque aparentemente él esté siendo amable, siempre acabarás agotándote.

Esa búsqueda frenética lleva a una caída estrepitosa, porque tus inmensas expectativas nunca se van a satisfacer. Estás comprando tickets para una película que comienza con la promesa de ser una historia de amor, pero va a terminar siendo una película de terror. Debes tomar distancia y revisarte, es decir, revisar esa necesidad desenfrenada de estar con él; buscar la razón profunda de ella. ¿Qué es lo que realmente te gusta o necesitas de esa persona? ¿Por qué eliges a alguien que no te elige a ti? ¿Qué está pasando contigo? ¿Qué necesitas que no logras darte por tus propios medios? Toma distancia y reflexiona: la respuesta la tienes solamente tú, y comenzar a darte eso que le pides a él comenzará a serenarte. Estoy seguro que luego podrás elegir con más consciencia una pareja que sea pareja, que te acompañe y a quien puedas acompañar.

# El amigo ejemplar

*¿Cómo ser un buen amigo? Tengo uno que está pasando por un mal momento. Falleció un ser querido hace poco, tuvo una separación de pareja, peleas, en fin… Yo sé que pone todo de su parte para resolverlo, pero últimamente recurre mucho a mí para consolarse. No me importa, al contrario, pero a veces recibo malas respuestas y malas caras. Cuando le hablo parece estar en otra parte. Tengo la impresión de que me reprocha cosas y su actitud es a veces infantil. ¿Cómo puedo lidiar con esto sin verme afectado? De momento, simplemente trato de seguirlo escuchando y de darle apoyo.*

*Lautaro*

Querido Lautaro,

Estás al frente de una persona herida que de momento parece no tener capacidad de actuar de otra forma. En esa situación, cuando encontramos a alguien que nos entiende, solemos tratar peor a esa persona que a cualquier otra. Nos permitimos soltar nuestro enojo y nuestra frustración frente a ese amigo. No está siendo malo contigo, lo que está siendo es simplemente honesto, y hay que saberlo escuchar con el corazón abierto, entendiendo que es una forma de confiar en ti. Por supuesto, esto no significa que nos tenemos que dejar maltratar. Uno debe poner límites claros. Decir, por ejemplo,

«Esto que me dijiste lo puedo entender, pero yo también tuve un mal día y prefiero que veamos si podemos encontrar otra manera de sacar todo tu enojo». Si lo afrontas con comprensión, va a ser más fácil acentuar esa mirada amorosa que ya has logrado y que de hecho es muy valiosa. Ojalá todos pudieran tener amigos de este calibre, capaces de mirar más allá de lo superficial.

# El dinero es un espejo

*Soy una mujer de 43 años y siento que me es difícil relacionarme con el dinero. Soy meticulosa con ese tema e intento no gastar innecesariamente, pero veo que a otras personas les va mejor aunque se preocupan menos y parecen tener siempre suerte con el dinero.*

*Cynthia*

Querida Cynthia,

El dinero es un recurso, y los recursos del ser humano generalmente son símbolos que expresan externamente nuestra realidad interna. Damos un valor al dinero, pero lo primordial es la consciencia de quién somos realmente y de lo mucho que valemos. Lo fundamental es el valor que nosotros nos demos a nosotros mismos y el valor que imprimamos a aquello que ofrecemos al mundo, ya sea bajo la forma de un trabajo remunerado o de servicio, o en el formato que sea. El dinero va a ser siempre una respuesta, una consecuencia de ese valor. Si no me valoro, la búsqueda del dinero se convierte en una tarea llena de obstáculos y de mecanismos de autocastigo. ¿Y qué ocurre cuando consigo un poco? Nunca va a alcanzar porque la respuesta a mi poca valoración interna será comprarme cosas que me hagan sentir importante. Cuando uno empieza a valorarse, el dinero cambia de significado; cumple una función diferente, no de premio o de castigo, sino de espejo de nuestro propio valor.

# Corazonadas

*Muchas veces tengo una sensación en el pecho..., eso que muchos llaman corazonada. En ocasiones me asusta porque es como si presintiera situaciones. A veces es una vibración positiva y otras no tanto. Con el tiempo he aprendido que no me tengo que anticipar, sino esperar. Realmente no me gusta esa sensación. ¿Cómo puedo canalizarla para que no sea angustiante?*

*Alicia*

Querida Alicia,

De alguna manera, anticiparnos en el tiempo es natural. No todos estamos tan atentos y no todos lo podemos percibir de la misma manera. Para nosotros existe un futuro, pero para el alma hay un solo tiempo. Entonces, lo que hace el alma es revelar a través de imágenes, de sensaciones, aquello que ya existe en un nivel de conciencia. Nos está mostrando algo que ya es verdad, que ya existe, aunque los sentidos humanos no lo puedan confirmar.

Por otro lado, el significado de estas visiones o informaciones de carácter negativo, o simplemente desagradables, no vienen del alma. A veces, es la mente la que nos esta hablando. El alma puede estar avisando algo que en la línea del tiempo está previsto, pero puede ser también que tu miedo lo esté proyectando. Cuando sientes algo que puede ser terrible pero lo puedes observar en paz, estás de verdad recibiendo información de un evento que no está ocurriendo en este momento, pero que eventualmente vas a poder presenciar, ver o ser parte de él, o un dato que puede ser útil para ti u otra persona. Hay pronósticos que se hacen para que podamos evitarlos, si está a nuestro alcance.

En cambio, cuando esas imágenes llegan acompañadas por la sensación física del temor, es evidencia de que esa información no viene del alma, de que en realidad tu cuerpo está mostrando de esa manera el miedo. Si me siento en paz, aunque no sea algo positivo, es intuición, es «corazonada». Y si me perturbo solo de pensarlo, es mi mente que está mostrándome algo que quizás yo trato de esconder. La tarea es revisar cómo te sientes cuando llegan esas ideas para identificar si son válidas o solo formas de miedo.

# El dolor por los que se van

*Hace muchos años aprendí las técnicas del reiki, algo maravilloso, y eso me permitió trabajar en un hospital de niños, siempre con una sonrisa, sintiendo que era un honor ayudar, a veces lidiando de cerca con la muerte, pero feliz de estar allí. Pero un día sufrí la pérdida de mi bebé de cinco días de vida. Dejé el trabajo porque los niños me hacían recordar lo sucedido. Me alejé, pues, de todo lo que antes me hacía feliz. De un segundo a otro ya no quería estar más. Me volví a mi pueblo natal, al cual había dicho que nunca regresaría, y aquí estoy con mi pareja desde hace 14 años, contentos de volvernos a encontrar y amarnos de nuevo, pero tristes por la pérdida. A veces quiero regresarme porque el pueblo no me agrada y antes tenía muchas expectativas laborales. Todo eso se derrumbó y aquí seguimos, tambaleando, pero en busca de otro bebé. Me encantaría que me hables de este tema de la muerte, que sigue siendo clave en mi vida.*

*Elisa*

Querida Elisa,

Ante todo, quiero recordarte que, más allá del dolor, la muerte siempre puede ofrecernos un valioso aprendizaje. Un aprendizaje que nace del dolor pero que, al mismo tiempo, es clave para superarlo. Ese dolor, generalmente, es más fuerte cuando estamos poco conectados con nosotros mismos, y voy a ser un poco más claro: cuanto menos nos gusta nuestra vida, más nos duele la muerte. Y es que la muerte, de manera consciente o inconsciente, nos enfrenta a cómo nosotros estamos utilizando la vida, sobre todo si estamos viviendo una vida que no se parece a lo que realmente somos. Lo que estoy vivenciando con la partida de esa persona, la dificultad para aceptar su ausencia, puede indicarme que no estoy mirando con aceptación la vida que tengo. Esto, por un lado, por eso buscar algo que te conecte con tu vida, con tus anhelos y los de tu pareja, podrán ir menguando la sensación del dolor. Si sientes que es el momento de irte del pueblo, por allí puede comenzar el alivio.

Me parece bien que te hayas retirado un tiempo porque es muy sano poder aislarte durante un período del mundo asociado a tu bebé, pero va llegando el momento del aprendizaje, no porque debas aprender en sentido negativo, por torpeza o ignorancia, sino de saber, porque hay una dimensión más grande desde donde mirar lo vivido. Especialmente cuando se trata de un niño, el gran dolor, ese que no para y sigue creciendo, tiene que ver con las ilusiones de aquello que pensábamos que iba a ocurrir y no ocurrió. Es natural que así sea. A veces el dolor se contamina con la culpa, con las ideas sobre todo lo que podríamos haber hecho y no hicimos. Por eso siempre es importante entender que quienes se van no se van del todo. Se van de su cuerpo, pero se quedan un tiempo para que podamos resolver o recibir aquello que queda pendiente. Si eso ocurre, hagamos nuestra parte: pidamos perdón, ofrezcamos nuestra claridad, hagamos lo que tengamos que hacer, como si la persona estuviera presente, pero no esperemos que ella nos diga algo porque no es necesario. Esa persona no solo se liberó de su cuerpo, sino de cualquier energía densa de este plano vida y desde este nuevo lugar, desde la pureza de su consciencia podrá recibir lo que necesitemos darle. Poco a poco, despídete de lo que no pudo ser con tu hijo, pero dale la bienvenida a una nueva relación con ese hijo que, de otra manera, estará siempre vivo en ti.

# Decisiones no tan difíciles

*Tengo 43 años, un trabajo bueno, una hija de 18 años hermosa, y mucha gente alrededor mío que me ama. Soy una persona muy positiva, con un carácter alegre, y amo a la vida. Soy gay y tuve una relación de 11 años hasta que hace unos seis meses terminamos y hoy vivimos separadas. Con ella tuve momentos felices, pero más momentos infelices. Es muy celosa, manipuladora, y yo siempre me lo pasaba haciendo cosas para evitar peleas. Le daba la razón en todo para no oírla. Es una buena persona, solo que muy insegura. En el transcurso de mi separación me volví a encontrar con mi primera pareja, la cual dejé porque tenía 10 años menos que yo. Al volvernos a ver descubrimos que había sentimientos escondidos. Ella es como si fuera mi alma gemela, mi amiga, amante y compañera. Es una persona positiva y el amor que me ha brindado no lo sentí antes; es muy lindo, es puro, sincero y me hace sentir muy feliz. Ahora las dos me aman y quieren una vida conmigo. La «ex» sigue buscándome, ha cambiado mucho, supuestamente, y siento que le debo algo, pero al mismo tiempo no quiero dejar ir a mi amiga. Me siento triste y no puedo entregarme plenamente a ninguna. Además, me siento mal pensando en las dos porque sé que no es justo para ninguna. Las tres somos buenas y merecemos ser felices. Por favor, aconséjame. Tengo miedo a equivocarme, a dejar algo seguro por lo inseguro. Siento que esto me está haciendo daño mental y físicamente; estoy emocionalmente en una montaña rusa.*

*Fabiola*

Querida Fabiola,

Hay que elegir… sencillamente. Optar entre lo bueno y lo malo parece lo más fácil, pero no siempre nos atrevemos a elegir cuando todo nos gusta. Yo cambiaría el eje desde donde decides. Hasta ahora la decisión está basada en lo que ellas son, en lo que ellas ofrecen, en lo que ellas han o no cambiado. Sería más fácil si te preguntas qué quieres tú de una relación. Tú has vivido con las dos, sabes cómo son, y ahora te toca decidir a ti no tanto a quién elegir, sino qué tipo de relación quieres para tu vida. Luego verás con claridad dónde ellas pueden o no ocupar un lugar. Y no necesariamente pasa por la exclusión de alguna. En el amor hay muchos formatos, y no te estoy diciendo que tengas una relación de tres, sino que si eliges a una, la otra puede permanecer de una forma distinta. Sé que parece difícil, pero es posible.

La sensación que tienes es que si eliges a una pierdes la otra, y quizás no haya que perder. Debes priorizar lo que tu corazón señala y dejar abiertas las puertas para que en algún momento la otra persona pueda ofrecerte su amistad y ocupar también un lugar especial en tu vida. En síntesis, la decisión será más fácil si pones en primer lugar lo que tú necesitas y deseas para ti. Quizás, te das cuenta que ambas pueden ser tus mejores amigas y descubres que la relación que quieres es con alguien diferente a las dos.

# No hay leyes para el amor

*Tuve una pareja por cuatro años. Decidí terminar la relación porque deseaba cumplir metas profesionales en otro país. Pasamos dos años y medio en contacto, a distancia, sin ser pareja. Hace seis meses él empezó una relación formal con otra persona y eso me resultó insoportable. Traté de retomar las cosas, me acerqué, inclusive propuse regresar a donde él está. Pasaron varios meses y al final su respuesta no fue satisfactoria; decidió permanecer en esa relación. Fue duro y definitivamente no fue lo que esperaba, pero aquí estamos… Desde hace un mes decidí cortar esta situación y seguir adelante, aunque con la expectativa de que algún día él podría volver conmigo. Hoy él sigue buscándome de manera afectuosa, es decir, con mensajes donde me desea bienestar y armonía para mi vida, a los que no contesto. Yo le deseo el bien, pero al final del día siento un poco de enojo que no he sido capaz de resolver. ¿Por qué, si ya tomó la decisión de estar con alguien, sigue buscándome? ¿Al permanecer en silencio estoy actuando en contra de la energía del amor?*

*Cecilia*

Querida Cecilia,

¿Qué realmente sería resolver esta situación?

Él sigue en contacto porque seguramente te ama, y su forma de amar es esa, lo que no significa que quiera estar en pareja contigo.

Tú aún quieres estar con él y es lo que tienes que resolver para realmente cerrar, aceptar el pasado y abrirte a todo lo que viene por delante. El asunto no es despedirte de él, sino de esa relación que habías imaginado. Cuando leo tu correo percibo la sensación de dolor por lo que te hubiese gustado hacer de manera diferente, por aquello que experimentas como una oportunidad perdida. Mantente en alerta en esas ideas, porque en realidad el dolor, la angustia de que las cosas no sean como tú quieres, tiene que ver con eso.

Enfócate en descubrir la manera de procurarte tú, buscando en tu alma, eso que pretendías de la pareja. A veces, el alma impide que tengamos una experiencia que nos iba a alejar de nuestro propio camino. Tu alma está tan clara que quiere que te veas, que te valores, que te aceptes, y que te ames en un plano de amor con menos condiciones y prejuicios. De alguna manera no permitió que te distrajeras más de apreciarte a ti misma. Creo que eso es lo que te ha ocurrido. Lo percibo por la sensación de culpa que dejan sentir tus palabras. Quizás crees que fue un error no haber estado más pendiente de él, y ahora que no lo tienes asumes esa culpa. Pero, como dije antes, lo que está en nuestro destino, lo que el alma elige, no podremos evitarlo. Y lo que no es parte de nuestro destino, aunque lo hagamos bien, se caerá. Esta visión de la vida más amable es la que irás comprendiendo cuando dejes de mirarlo a él, o lo que pasó, y poses tu mirada en ti. Haz en este momento aquello que te haga sentir en paz, que te haga bien a ti sin que venga de nadie más. Al fin, no hay formas ni leyes para la energía del amor.

# Sobre el mundo angelical

*¿Qué nos puedes decir sobre los ángeles y los espíritus guías?*
*¿Realmente existen?*

*Mabel*

Querida Mabel,

Voy a sintetizar mi visión a riesgo de errar por simpleza. Hay un mundo espiritual que es mucho más grande e interesante que el visible. Un mundo que no está lejos y que se manifiesta de muchas maneras en esta realidad física. En ese mundo invisible hay diferentes energías y entidades, formas espirituales con identidad propia que son lo que llamamos ángeles. Son energías con una inteligencia propia, autónomas, conectadas con una consciencia muy clara, con algo para ofrecernos individualmente. Existen estas identidades no encarnadas, dispuestas en gran medida a guiarnos, a apoyarnos, y lo único que tenemos que hacer para experimentar su presencia es invocarlas. No importa los nombres que les demos o cómo los representamos mentalmente, lo cierto es que están allí para acompañarnos desde el amor y su luz.

Esas energías no deciden por nosotros ni nos conducen en una u otra dirección. Simplemente, nos ayudan a encontrar nuestro propio camino. Nos dan, por decirlo así, el impulso que en determinado momento necesitamos para hacer lo que ya nuestra alma sabe que debe hacer.

Por ejemplo, no puedo pedir a mis ángeles que me consigan un trabajo, porque no depende de ese nivel de energías algo tan terrenal, pero sí puedo pedirles que me den la claridad para darme cuenta de lo que valgo y merezco. Y luego, lo demás ocurre por consecuencia.

Creo que hemos, de una u otra manera, teatralizado tanto el mundo invisible que nos entretiene abundar sobre él, pero no sacamos provecho totalmente. Por eso, más allá de las imágenes que hayamos creado, hayamos visto o nos hayan contado, sintamos esas presencias y permitamos confiar en ellas aquello que por nuestra densidad física a veces no podemos comprender, ver o aclarar.

No necesitamos que la mente esté de acuerdo con sus razones, solo busquemos experimentarlas. La prueba la sentiremos, y eso dejará a la mente en silencio para darle la bienvenida a esa forma de vida sutil que nunca estuvo ausente.

# Las formas del amor

*Llevo dos años y medio con mi pareja. Al principio todo fue color de rosa, nos veíamos a diario, todo el tiempo estábamos juntos, pero después de un tiempo dejamos de vernos con frecuencia. Ahora, aunque por cuestiones de trabajo, nos vemos muy poco, nos mensajeamos y hablamos por teléfono regularmente. Pero no se me hace suficiente… A ambos nos agrada la compañía, nos tratamos con respeto, y yo siento que el cariño es mutuo. Él me ha pedido comprensión y paciencia, pero la verdad es que yo a veces me desespero. He decidido no reclamar más, he tratado de terminar con la relación, pero me pongo a pensar en los pros y en los contras y no lo hago, no sé si por cobardía o porque en realidad quiero seguir con él.*

*Coco*

Querida Coco,

Por lo que escribes siento que la relación está bien y que él de verdad quiere estar contigo y tú quieres estar con él, pero lo que parece estar vencido es el formato. Tú tienes una forma de relacionarte más tradicional, que de hecho es lo que muchos consideran normal, y él tiene otra. Las formas puede que nunca vayan a coincidir, pero sí podemos complementarlas de alguna manera, enfocándonos en algunos puntos de coincidencia.

Tú percibes que estás renunciando a que la relación sea como tú quieres, aceptando lo que él desea, pero esa aceptación no es real. Te sientes derrotada, porque la forma en que tú querías esta relación no se produjo. Es el momento de darte cuenta de que las relaciones tienen formas, las formas que nosotros mismos le damos. Nacen de una manera y se transforman en otra cosa. Por eso es tan importante la flexibilidad. El error es enjuiciar al otro, considerar que está equivocado, cuando en realidad está actuando como quiere o como puede. Entre ustedes no hay un problema de sentimientos, son dos personas que se aman, pero ambos tendrían que abrirse a buscar una forma de relación que les funcione a los dos. Tienen algo valioso, y vale el esfuerzo de encontrar una nueva manera para que esta relación los siga uniendo.

# ¿Por qué fumo?

*He hecho todos los esfuerzos, pero aún no he podido dejar de fu-*
*mar. Una parte de mí realmente quiere lograrlo, pero no encuen-*
*tro la forma de hacerlo. ¿Cómo puedo romper con esta situación?*

*Patricio*

Querido Patricio,

La mejor forma de tomar la decisión de cambiar es darnos cuenta de
por qué hacemos lo que hacemos. Cuando descubrí la importancia
de la respiración, de la respiración profunda, entendí lo que muchos
fumadores, en realidad, están buscando. Por supuesto existe la adicción a la nicotina, pero eso se produce después. Lo que está en el
origen es el malestar, la confusión interna, la necesidad de sosiego.
Cuando alguien fuma, lo hace, por ejemplo, buscando ayuda para
afrontar algo que no puede manejar sin apoyo, para tratar de ordenar sus propios pensamientos o queriendo obtener un breve espacio
de paz.

Es crucial hacernos las preguntas correctas cuando se siente la
urgencia de fumar. Hacerlo con la mayor honestidad posible en el
momento que siento la urgencia de llevar un cigarrillo a la boca,
sobre todo en esos 30 segundos cruciales en que se siente que fumar
es cosa de vida o muerte. ¿Qué es lo que realmente necesito? ¿Necesito fumar o en realidad lo que necesito es claridad, ordenarme? Ese

es el momento de respirar profundamente y atrevernos a mirar dentro de nosotros en busca de la verdad. Cambia el foco de atención: el problema no es el cigarrillo, sino lo que te ata a él. La respiración te irá ayudando a salir de esos momentos donde te das por vencido y fumas. Pero lo más importante es estar atento a qué necesitas en el momento que tomas el cigarrillo o piensas en el.

# El amor no deja deudas

*Mi madre realizó esfuerzos realmente extraordinarios para levantar nuestra familia; para que mis hermanos y yo pudiésemos crecer con las necesidades satisfechas y para que pudiéramos estudiar, y le estoy profundamente agradecida. Ahora soy independiente, tengo mi propia casa, pero, la verdad, me siento sobrepasada por las constantes demandas de atención de mamá. Me llama innumerables veces durante el día y siempre hay una excusa para que tenga que visitarla casi a diario. Entiendo que se siente sola, y me pone mal no atenderla, aunque a la vez me ahoga. No sé cómo poner límites.*

*Analía*

Querida Analía,

Te voy a decir una de las cosas más difíciles de asumir para muchas personas: todo lo que ofrecemos en esta vida, para que realmente se convierta en un acto de amor, debe ser ofrecido en total libertad, la nuestra y la del que recibe.

Desde muy pequeños, en la mayoría de las culturas que conozco, nos instalan, por decirlo así, un programa según el cual la bondad debe tener un propósito, por ejemplo, nos enseñan a ser generosos desde la culpa, desde la convicción de que somos malos y debemos redimirnos siendo buenos, o bien creyendo que así estamos de alguna forma comprando o asegurando el afecto del otro. Y no, el amor se satisface en sí mismo, y no a la espera de recibir algo a cambio. Esta es una verdad especialmente válida en el caso de los hijos. Todo lo que hacemos por ellos nos puede y nos debe llenar de satisfacción en el mismo acto de dar, de compartir, de ayudar.

Estoy seguro de que amas mucho a tu madre, como ella a ti, pero ese amor está empañado por la sensación de estar en deuda con ella, y por la percepción de que te están cobrando esa deuda por demás impagable… y a nadie le gusta vivir endeudado.

Tú, desde tu madurez, quizás tengas más capacidad para ir poniendo en blanco ese «libro de contabilidad» en que a veces convertimos el amor, liberándolo de esos sentimientos que son precisamente los que te dificultan el brindarle a tu madre una compañía que, en vez de quitarte la paz, también te alimente a ti.

No le pidas a ella que cambie. Quizás, aun cuando le interese hacerlo, puede ser un desafío mayor. Pero comienza contigo en tu actitud hacia ella. Si sientes que tienes que ponerle un límite sano, necesario, ¿por qué no lo haces?, ¿es la culpa la que te bloquea?, ¿culpa de que? Ve haciendo este viaje hacia ti y encontrarás mucha mas libertad de la que imaginabas que era posible. Estoy seguro de que tu madre, de a poco, irá acomodándose a lo que le dices, hasta entenderte.

Es posible que esta forma de ser que describes, más complaciente que honesta, sea parte de una forma de vivir que de niña te permitió compartir con tu madre en el espacio familiar. Pero la madurez te está llevando a encontrar una manera que sientas propia, que refleje tus sentimientos y que sea tan clara como lo que piensas. No te centres tanto en ella, eso lo hacías de niña. Céntrate en ti hasta encontrar tus verdades y tus propias maneras. Cuando estés más segura de esto, tu madre irá adaptándose a su hija, ahora mayor.

No será fácil para ella, pero lo logrará. Ahora, si no revisas una nueva manera de conectar con ella desde tu verdad en esta etapa de tu vida, seguirá siendo difícil para las dos.

Esto no significa negar el cariño y el agradecimiento a tu madre, sino comenzar a reconocer en qué momento de ese camino de entrega te pierdes tú porque crees que si no la pierdes a ella. Y saber detenerte. Si es necesario, y considero que en la mayoría de los casos lo es, verbaliza, explica lo que sientes y qué estás haciendo, dejándole ver que no es contra ella, sino a favor de la relación, que ahora está entrando en una nueva etapa.

Puedo estar seguro de que, una vez comiences a actuar con menos miedo y resistencia, vas a descubrir que puedes hacer mucho más por ella, y disfrutar de la relación más de lo que habías imaginado. Con naturalidad y sin esfuerzos. Al haber menos miedo, queda más espacio para que ese encuentro genuino cobre fuerzas.

# El miedo a un nuevo camino

*Desde hace años siento que no puedo más con mi trabajo. Soy orientadora educacional y estoy harta del sistema y de la rutina. También hace años que vengo estudiando otras cosas muy diferentes a mi profesión, cosas que me llenan el alma. Quiero independizarme, desarrollar mis propios productos o servicios, pero no me animo a avanzar. ¿Qué puedo hacer?*

*Marcela*

Querida Marcela,

Para crear algo nuevo necesitamos quitar nuestra atención de lo viejo. A veces no es tan importante el énfasis que pongamos en lo que queremos hacer como el que ponemos en dejar de sostener lo que ya no queremos. No necesitamos tener tan claro hacia dónde deseamos ir, al menos conscientemente, porque en la decisión de cambiar ya está impreso ese destino y hacia él nos dirigiremos de una manera natural cuando realmente soltemos el pasado.

Ahora, ¿cómo puedo facilitar que ese destino empiece a manifestarse o, en todo caso, a ordenarse? Logrando un verdadero cierre del capítulo, lo que implica, entre otras cosas, ir más allá de ese enojo que sientes por lo que hasta ahora ha sido tu vida, que es tanto como decir que estás enfadada contigo misma, aunque tú digas que lo estás con tu trabajo, con la rutina o con cualquier otra cosa externa.

Para que tus energías puedan concentrarse en este nuevo camino, es necesario que pongas esas experiencias pasadas en perspectiva, con sus buenos y malos momentos, y que termines de aceptar todo lo que ocurrió tal como fue. Luego podrás avanzar, avanzar de verdad. Es decir, poder iniciar algo que sea auténtico, sostenible y puedas crecer con él.

Lo más natural es no verlo de inmediato. Cuando estás parada en una calle no llegas a ver el final del camino. Pero si comienzas a avanzar, el camino se va abriendo y en cada esquina vas entendiendo cómo caminar esa cuadra. Muchos de los temores de un comienzo, cuando ese comienzo es realmente nuevo, se sostienen en la idea que tenemos que tenerlo todo claro. Ya sabes lo que no quieres, es decir, sabes que debes caminar hacia otro lado. Ahora, comienza a caminar sin mirar atrás. Te aseguro que las sorpresas las sentirás familiares, y los momentos de alegría y disfrute irán quitando fuerza a las dudas y la ansiedad muy comunes al emprender. ¡Echa a andar! Que el camino mismo te irá mostrando dónde poner el próximo paso.

# La admiración disfrazada

*¿Cómo dejar de estar con personas que me envidian o, al menos, cómo aprender a sobrellevarlas?*

*Lucas*

Querido Lucas,

Cuando mezclamos admiración y miedo nace la envidia. La envidia en el fondo esconde una gran admiración. Cuando admiramos algo o a alguien y no tenemos miedo, nos inspiramos. Por ejemplo, yo admiro a una persona por su talento, pero sin miedo a no ser capaz de lograr eso que admiro en ella. Al contrario, lo que veo me hace pensar que yo también podría. No me comparo, no la veo a través de mi inseguridad, y por eso su ejemplo me empuja, me inspira, me alienta. Esa admiración realza la grandeza en mí. Pero cuando la admiración viene acompañada de miedo, mi mente no solo me descalifica a mí sino también a esa otra persona. La mente, convencida de nuestra incapacidad, quisiera robar lo que el otro tiene o desea que el otro lo pierda porque así nos igualamos… hacia abajo.

Envidiar solo nos alerta de nuestro temor. Por eso, en caso de tu pregunta, no veas en quienes te envidian a personas que quieren hacerte daño, porque, aunque ese fuera su intento, nada de eso podría ocurrir en ti cuando tu mirada sea de comprensión, reconociendo que ellas pueden ver en tu persona la grandeza que no pueden ver en ellas mismas. Ya tienes algo para agradecer: lo que ven en ti, que es luminoso. Y luego, la posibilidad de servirles de espejo con tus propias acciones hasta que ellas, si se lo permiten, puedan darse cuenta de que pueden hacer eso también. Pero, como los espejos, mantente en silencio. Que sean tus acciones las que hablen por ti.

# ¡Es humo!…, déjalo ir

*Gracias al trabajo espiritual de los últimos años he podido final-
mente ver mi miedo cara a cara y entender cómo logra operar en
mi cabeza. En resumidas cuentas, me siento vulnerable. Con frecuencia experimento el miedo a no ser suficiente, e inmediatamente mi mente me inunda con pensamientos como «no soy bonita» o inteligente o especial. Se alimenta más y más este sentimiento
hasta que, sin darme cuenta, estoy vibrando en profunda caren-
cia, jugando el papel de víctima. Mentalmente sé que soy suficiente, sé que soy una persona llena de virtudes y talentos, pero en la
práctica… ¿Cómo supero este sentimiento?*

*Natalia*

Querida Natalia,

Escribes muy bonito…, solo te falta creer en todo lo que escribes: las
claves para tus respuestas están en tus propias palabras. Al miedo no
se le trabaja. Uno podría embolsar humo y pensar que hay algo en
esa bolsa, pero cuando la abres ves que no hay nada. El miedo es
humo. Son historias basadas en hechos reales, pero con interpreta-
ciones falsas. No te lo tomes tan en serio, porque al fin y al cabo es
un fantasma, una fantasía.

Al miedo no se lo analiza, se lo escucha y se lo deja pasar, se lo
descarta. No es fácil, porque nunca le faltan argumentos para hacer-

te creer que sí es real, que sí es importante. Pero cuando lo escuchas, escuchándote, lo atestiguas y sigues tu camino, el miedo pierde sus fuerzas.

Enfócate en tus virtudes. Cuando te levantes por la mañana concéntrate en lo que puedes hacer ese día, en lo más concreto, y hazlo. No sigas desperdiciando tu energía en analizar tus temores.

# Los ciclos no se detienen… afortunadamente

*Estoy pasando por una separación, tengo un hijo de 8 años, un trabajo tóxico, con dificultades económicas, y vivo en un país realmente difícil, Venezuela, y pienso que la solución es emigrar. ¿Cómo comenzar a cerrar ciclos y darle un cambio a mi vida?*

*Atilio*

Querido Atilio,

Todo gran cambio no implica necesariamente un enorme esfuerzo, pero sí reconocer que las cosas quizás no serán ni tan simples, ni tan cómodas, ni tan amables como eran. Dicho de otra forma, exige vencer nuestra tendencia a comparar constantemente, a querer seguir pisando el mismo suelo, a seguir aferrados al sentido de seguridad, que, por cierto, podría ser incluso peor en cierto sentido en ese nuevo lugar, ya que todo será nuevo.

Lo que dices me hace pensar en conversaciones que he tenido con venezolanos o muchos latinoamericanos que emigran, y que a veces no asumen lo que significa un cambio de esa magnitud. Emigrar no es mudarse, no es simplemente cambiar de casa, de paisaje y de trabajo. El cambio interior tiene que ir en simultáneo a todos los cambios visibles que vamos viviendo. Puede que la nueva experiencia resulte más o menos difícil, pero el peor lastre muchas veces está en aferrarse al pasado.

Como tantas veces he dicho, lo primero es enfocarnos en todo lo esencial que no cambia con esas transformaciones o mudanzas exteriores, y en ser capaces de agradecer por ellas, empezando por el hecho extraordinario de estar vivos. ¿Por qué esperar a estar muy enfermos o cerca de la muerte para entender que somos ricos, ricos de vida? Agradecer por la vida toda, no por una partecita. Los ciclos no son amenazas; todo lo contrario: son la vida.

Ve haciendo tus trámites mientras haces tu trabajo interno, este será el esencial para movilizarte de manera armoniosa, aun ante la dificultad. De todos los compromisos de este momento, laborales, de relaciones, revisa cuáles puedes comenzar a cerrar. Pero también observa en ti qué está vencido, de tu carácter, de tu manera de mirar la vida, de relacionarte, de priorizar lo que es importante, de tus cuidados. Este trabajo, que será más silencioso, puede llevarte más tiempo y energía. Por eso date tiempo cada día para ir viendo qué esta muriendo en ti y qué está naciendo, qué es lo nuevo. Esa mudanza «de piel» es la que el alma está pidiendo, y si esto implica un entorno nuevo o diferente, tu alma misma te irá guiando para saber qué hacer, y cuál será tu norte. Mientras tanto, prepara el camino, despejándolo, y prepárate tú, despejándote.

# El trabajo del amor

*Vivo con mi pareja hace poco, tras mudarme a su país, Argentina. Salí de mi casa, de mi zona de confort, de mi rutina, de mi trabajo y sobre todo de lo más importante: mi familia y mis seres queridos. Lo hice porque nos amamos y fue una decisión de ambos. Él es superhiperactivo y yo muy tranquila. A veces los ritmos son diferentes. A veces su manera de contestar no es la ideal y yo me molesto en ocasiones con cualquier cosa que dice, porque tiene un carácter muy fuerte y yo no me callo. Nos hablamos con respeto, pero a veces nuestra paciencia es corta. ¿Qué nos puedes recomendar para que nuestra relación crezca?*

*Yelena*

Querida Yelena,

Los comienzos de las relaciones, sobre todo cuando iniciamos la convivencia, nos presentan situaciones extremas. Es como ir a un parque de diversiones y subirse al aparato más movedizo; es una aventura que exige mucha valentía, sensatez y sabiduría, porque todo es nuevo, porque nos encontramos en otro mundo, y cuando ese mundo viene de otra cultura el desafío es aún más grande…, pero de eso trata el amor.

El amor es el constructor de lazos y puentes entre estos dos mundos tan distintos. Ese amor nos pide voluntad y trabajo. No es algo que nos viene dado por el simple hecho de sentirse enamorado. Al contrario, a veces eso que llamamos enamoramiento implica una idealización del otro que, al final, se puede convertir en un boomerang muy destructivo para la relación. Idealizar significa crear una imagen que por un tiempo nos protege de nuestros propios miedos, del temor a ver el verdadero rostro de nuestra pareja y el nuestro también, porque en todo enamoramiento existe siempre un efecto espejo, una proyección de nosotros sobre el otro.

Solo me queda decirte que todo está bien, que el desafío que tienes es el propio de una relación que está en proceso de formación, tomando fuerzas. La tarea, en esta etapa, comienza por valorar todo lo que mutuamente se ofrecen y entender que juntos están aprendiendo nuevos códigos para comunicarse cada vez mejor. La tarea del amor es diaria y muy simple.

Si te respondes a esta pregunta: «¿Qué es lo más amoroso que puedo hacer con esto?» aplicándolo no solo a lo que vas a hacer, sino a lo que piensas, lo que dices, a cómo lo dices, vas a saber cómo ir tejiendo esta tela que cubrirá este hogar. Esa pequeña tarea del amor cotidiano es la más grande. Porque son pequeños ladrillos que construyen el espacio donde esa relación se sentirá segura y acompañada.

# El encanto del drama

*Tengo 40 años, estoy en un proceso de transición en mi vida. Tengo un hijo de 7 años, soy mamá sola y estoy confundida mirando la estela de lo que fue… pero con ganas de comenzar a vivir de otra manera. Pienso que tengo dos patrones de comportamiento arraigados: uno es quedarme en el drama, hacer las cosas peores de lo que son, y otro es involucrarme en relaciones inestables, con apegos. Quiero aprender otra manera de vivir. He escuchado que lo mejor es prestar atención a lo nuevo, pero no veo lo nuevo. ¿Qué hago?*

*Eugenia*

Querida Eugenia,

Nuestro pasado suele estar lleno de ciertos condimentos que lo hacen atractivo, un poquito de sentimentalismo, mucho de nostalgia, y por supuesto esa carga de drama del que mucho nos quejamos, pero del que dependemos más de lo que parece.

Fíjate que la mayoría de nuestras conversaciones con las personas que queremos son de esas que yo llamo «de sala de espera». Siempre hablamos de lo pasado, de cómo nos fue, de qué cosa no nos gustó, pero si queremos algo nuevo la conversación debe ser sobre qué está pasando y qué espero hacer en lo inmediato. Cuando la decisión de generar un cambio es auténtica, alcanza realmente un nivel de compromiso del que ya no escapamos. Lo inmediato es poner nuestra atención en el presente, y todo comienza a ponerse en orden. Dejamos de ver los hechos como problemas que nos superan y así logramos ponernos en acción.

Las relaciones que llegan a tu vida no podrían ser diferentes a lo que internamente estás viviendo. El apego y el pasado son ingredientes de la misma comida: el drama.

Por eso, date unos meses para dejar pasar cualquier oportunidad de relación. Hasta que vayas aclarándote y las personas que lleguen muestren esa diferencia. La tarea será dedicarte más tiempo a sentirte, a tener mayor intimidad contigo, con tus sentimientos, tus anhelos y tus verdaderas necesidades. Conviértete en esa persona que antes atraías como pareja. Lo mismo que hacías por esas personas, hazlo por ti. Atiende lo que realmente sientes y necesitas. Conviértete en la persona amada, pero no solo en sentimientos, sino en acciones. Creo que hay un llamado de tu alma a detenerte para escucharte, y luego será mucho más fácil que identifiques qué es lo nuevo para ti. Porque eso ya esta vibrando dentro tuyo, pero para conocerlo debes dejar de poner tanta atención afuera.

# Las revelaciones de la adversidad

*Cuando tenía 5 años un vecino abusó de mí. Se lo conté a mi mamá y no me creyó. Me ha tomado años el proceso del perdón porque durante mucho tiempo mi mente bloqueó lo sucedido. Tuve mucho que perdonar y fue difícil reconciliarme con mi madre, con la vida y conmigo. El asunto es que no puedo entender por qué alguien elige dañar así a una persona. Lo pregunto sin rencor, solo para entender de qué va la vida.*

*Martha*

Querida Martha,

Es imposible entenderlo; es decir, así como no podemos entender el alma desde la mente, no podemos entender estas cosas desde esa dualidad racional entre el bien y el mal. Para el alma no hay buenos y malos. Lo importante es que en tu alma hay un propósito, y para cumplirlo vivimos determinadas experiencias. Atormentarte por comprender por qué esa persona decidió actuar así no conduce a que lo integres; tu atención debe estar, para ti, en lo que finalmente decidiste hacer, en tu valioso proceso de perdón.

Tu curiosidad es el último vínculo con el dolor sufrido en ese momento que considerabas superado. La total superación llegará cuando trasciendas esa dualidad bueno-malo, cuando reconozcas que, al fin y al cabo, todo lo que viviste fue el camino para tu evolución; un camino duro, pero un camino al fin y al cabo y no un callejón sin salida.

La adversidad siempre viene a sumarnos en el proceso evolutivo. Si lo miramos desde la mente lineal, racional, no solo no tiene sentido sino que es una injusticia. Pero desde lo más profundo, que es donde las verdaderas causas existen, lo adverso suele ser un momento de inflexión en nuestro camino para mostrarnos algo valioso de nosotros que sin esa polaridad no habríamos descubierto. La vida nos mueve el piso, no para que caigamos, sino para que nos animemos a dar el salto.

Usando esta analogía, la pregunta que podrías hacerte es qué significó este salto para ti. El primero fue entender el perdón, o la compasión; ahora sigue uno más profundo, que lo descubrirás cuando, en lugar de poner tu atención en la persona y lo que sucedió, vayas descubriendo todo lo transformador que fue para ti superar esta dificultad.

Estoy convencido que nunca llegaremos a entender por qué otros hacen lo que hacen, en principio ni siquiera ellos sabrían la verdadera razón. Y aun cuando lo supiéramos, esa información no nos serviría para nuestra evolución. Solo nos queda atender de lo que vivimos, qué nos sucedió internamente y ahondar en las realizaciones que llegaron con ese evento. Te animo a valorar todo eso y a seguir tu camino sin mirar atrás.

# Un cerco de energía

*Una vez te escuché decir que mientras más trabajo espiritual ha-*
*cemos menos gente se nos acerca. Luego de mi divorcio, tras 15*
*años casada, elegí estar sola porque entendí que debía sanar*
*cosas en mí. Mentiría si te digo que me gusta mi soledad, pero*
*junto a ella he aprendido a perdonarme y a estar en paz. He no-*
*tado que durante estos años menos gente se me ha acercado.*
*¿Será que soy más selectiva y deseo en mi vida gente que trans-*
*mita amor, paz y sabiduría?*

*Paula*

Querida Paula,

No es que se nos acerque menos gente, pero menos gente necesitamos. Lo que ocurre es que esa nueva energía que ahora predomina
requiere coherencia. Lo que no es coherente sencillamente no se
acerca a nosotros. Lo importante es que nadie que venga a sumar a
nuestra vida va a estar ausente, pero nadie estará porque sí.

Esa especie de «cerco energético» que el alma va construyendo no
es para protegernos de nada, es simplemente para ordenarnos. En
realidad, somos selectivos, pero no de la forma antigua basada en «me
gusta» y «no me gusta», sino en función de aquello que me hace sentir
en paz, de lo que intuimos y sentimos que puede sumar o no. No hay
que sentirse mal o culpables; todos tenemos derecho a esa elección.

Sencillamente, generamos unas alertas frente a esas otras energías que antes pasaban desapercibidas. No tenemos ni debemos dejar la puerta abierta de nuestra vida más íntima, de nuestros espacios, de nuestras conversaciones, a todos. Ahora podemos discernir entre lo que nos suma, lo que es amoroso, y lo que no. Pero recuerda siempre que esto no significa que los otros sean malos; solo que ya su presencia no es trascendente para tu camino. Ni te demoras, ni los demoras. Y ese es el orden que el alma va creando a través de ti.

# Elegir el mensaje del alma

*Tengo 31 años, soy mamá de un pequeño de dos años, y el padre
de mi hijo, pareja durante siete años, decidió finalizar la relación
hace un año. Mi vida se vio destrozada por esa separación, pero
poco a poco he logrado juntar los pedazos. Hoy la vida me puso
cerca a un hombre maravilloso que adora a mi hijo y me adora a
mí, que está dispuesto a compartir su vida con nosotros. Pero…
¿cómo dar espacio en mi corazón a una persona tan maravillosa
si, en el fondo, sigo necesitando a ese amor que ya no está? Solo
pienso en ese hombre que me hizo tanto daño al marcharse.*

*Martina*

Querida Martina,

Es realmente de porfiados el seguir golpeándonos contra una pared
que nos ha hecho sangrar, pero así ocurre con los seres humanos. En
este caso, la pared no es él, pero sí la relación con él, que lo incluye.

En cuanto a tu nueva relación, dices que la vida te lo puso cerca.
Pero creo que no es así. Si esa persona ha llegado a tu vida es porque
tú has hecho tu trabajo y no es por casualidad. Deberías aplaudirte
por eso, pero en lugar de hacerlo te enfocas en una relación que
ciertamente ya no existe.

No solo te estás golpeando contra la misma pared, sino que re-
nuncias a sanar teniendo todas las posibilidades de hacerlo. La pre-

gunta clave es: «¿Por qué sigues eligiendo lo que te tortura?» Si de verdad quieres construir una nueva historia sobre bases sólidas, empieza por cuestionar la forma en que hasta el día de hoy has entendido lo que es el amor. Es una forma absurda, loca, pero esa locura está en tu mente y no en tu alma. Tu alma te ha demostrado mucha sabiduría manifestando en tu camino una persona amorosa.

El enfocarte en lo que pasó no te deja abrazar el presente. Pero en eso que parece la dificultad también aparece la solución. Agradece todo lo que es parte de tu presente. Hazlo como tarea, reconocer todo lo bueno que tienes y convertirte en una buscadora de detalles en tu vida cotidiana que hablan de esa bondad de tu alma. Hazlo con disciplina. Toma notas, haz listas, compártelo con las personas que te rodean… pero no dejes un espacio vacío donde los pensamientos que siguen analizando lo que viviste pueden entrar. Hay una pequeña lucha entre tu ego y tu alma. Pero como el alma no lucha, en cuanto te enfoques en sus bendiciones, el ego no tendrá más recursos para seguir luchando.

# La naturaleza, espejo de nuestro mundo interno

*Me pregunto qué ocurre en nuestra alma cuando contemplamos la naturaleza, cuando nos transmite esa sensación de paz tan especial… Es un misterio maravilloso.*

*Andy*

Querida Andy,

Creo que lo que ocurre es que, de alguna manera, la perfección de la naturaleza refleja la perfección que habita en nosotros. Vemos afuera lo que no logramos ver y aceptar en nosotros mismos. Es un reflejo del alma.

Nos hemos olvidado de que también somos naturaleza, que somos todos parte de esa extraordinaria creación, y no unos simples invitados a ver el espectáculo. Por eso siempre va a ser una buena idea que, cuando estemos un poco perdidos, abramos los ojos y el corazón para observar algún regalo de la naturaleza. Eso siempre nos va a devolver la certeza de que hay una presencia divina en nosotros.

Aquietarnos y pasar tiempo observando la naturaleza nos ordena. Algunos prefieren el mar, otros las montañas, según lo que estemos anhelando en ese momento. Hay paisajes que nos aclaran, otros nos suavizan las emociones, otros nos devuelven la esperanza. Pero todos, siempre, nos harán bien. Incluso una flor dentro de casa puede darnos esa experiencia. Su color, su forma, su presencia nos inspirará a elevarnos sobre nuestros propios pensamientos.

Una manera de darnos cuenta de la resistencia a mirarnos la percibo en personas que están frente a una belleza extraordinaria y la ignoran, o si se aquietan y se sientan, de inmediato buscan la pantalla del teléfono o perderse en una conversación. Y no hay nada malo en esto, solo perder una posibilidad de reconectarnos con nosotros reflejando nuestra esencia en lo que los ojos ven y todos los sentidos reciben. En definitiva, no es el paisaje en sí, sino nuestra decisión de conectar con nosotros observando ese paisaje.

Desde niño, una práctica común ha sido levantar mi mirada al cielo. Era algo espontáneo e inconsciente cuando niño, pero ahora es un recurso para tomar conciencia de mi grandeza y mi inmensidad. Cuando la personalidad mira el cielo, se siente una hormiga y si disminuye. Pero cuando miramos desde el silencio del alma, dejando pasar lo que la mente nos dice, llega el momento en que no vemos diferencia entre esa grandeza que ven nuestros ojos y la que sentimos en el corazón. Ese es el momento en que revelamos esto que, hasta ahora, para ti, era un misterio. La naturaleza nos recuerda quiénes somos. Quiénes somos de verdad.

# Cuestión de imagen

*Tengo 33 años, soy soltero y gay. Actualmente me desempeño como coach de imagen personal. Y no es casual; realmente creo que la imagen personal es definitivamente importante para encajar en el mundo, para ser felices, para el éxito, en fin…, para querer y ser querido. ¿Estoy en lo correcto?*

*Javier*

Querido Javier,

Generalmente uno termina trabajando en lo que necesita aprender; entonces, efectivamente, no es casual que tú estés trabajando como coach de imagen. Lo primero es decirte que ser felices no depende del afecto o aprobación de los demás. Mira a tu alrededor y verás muchas personas que son muy queridas y sin embargo viven dolidas, tristes, infelices. La base de tu felicidad no está en nada que ocurra fuera de ti. Ese falso vínculo entre la felicidad y la percepción de los demás es lo que nos lleva a enfocarnos en la imagen personal, es decir, en el cómo lucimos como supuesto señuelo para atrapar atención y afecto.

No vas a ser feliz porque los demás te quieran, y no necesitas lucir bien para que lo hagan.

Es importante que indagues en ello porque has hecho una apuesta demasiado grande al cuidado de tu imagen, y no hace falta decir que el tiempo juega en contra de esa apuesta. La juventud inevitablemente se irá y necesitarás un piso más sólido bajo tus pies.

El hecho de sentirnos diferentes, y esto lo digo por mencionar tu sexualidad en la pregunta, hace que tengamos que hacernos un espacio de valor en la mirada de los demás. Es posible que las personas más cuidadosas de su imagen solo estén tratando de envolver el miedo a mostrarse auténticamente, si es que en algún momento percibieron rechazo. Y si bien puede que haya ocurrido una palabra ofensiva o una mirada humillante, nosotros, en lugar de cuestionarlo, nos fuimos detrás de alguna máscara para que ante los demás no dejemos ver lo que vemos en nosotros. Y es posible que si esto ocurrió en la niñez no hayamos tenido conscientemente otra opción, pero en la madurez podemos elegir escuchar a los demás como otras voces y escuchar también nuestra propia voz y hacer de ella una aliada amorosa.

¿Recuerdas algún momento en que hayas estado solo en tu casa y de todas maneras te hayas sentido feliz? ¿Algún momento en que hayas estado desaliñado, despreocupado por la forma en que lucías o vestías, y sin embargo experimentaste una gran tranquilidad y libertad? Piensa en ello y permítete vivir esa alegría más allá de lo que tú te imaginas que debe ser el bienestar. Cuando ocurra te darás cuenta de que está buenísimo vestirse bien y dejarse querer, pero que no es esencial para encontrar la felicidad. Además, descubrirás que el mejor atuendo, incluso el más atractivo para los demás, es estar en paz al animarte a ser tú mismo: a veces impecable, otras veces desaliñado. Porque, en definitiva, ninguna de estas formas te define.

# Tropezando con el coaching

*Este año estuve en un programa de coaching en donde me lleva-*
*ban a sentir al máximo las emociones, pero no me certificaron*
*porque no supe cómo manejarlas adecuadamente. La experien-*
*cia me dejó una sensación de malestar. Tengo la certeza de que*
*el coaching es lo que he venido a hacer a este mundo, pero no*
*encuentro la manera de hacerlo.*

*Elena*

Querida Elena,

No creo que hayas venido al mundo a hacer coaching; en todo
caso puede ser una de las muchas formas en que puedes expresar-
te. Esa rigidez solo puede servir para paralizar tu evolución, para
hacerte sentir que la vida no tiene sentido…, y por supuesto que la
tiene.

No sé qué es lo que has estado estudiando, cómo es el método,
pero de cualquier manera no debemos perder de vista lo verdaderamente esencial. Tú puedes estudiar medicina en la mejor universidad del mundo, e incluso obtener magníficas notas, pero nada de
eso garantiza que serás un buen médico. Hay muchos factores que
no pueden ser medidos y que son determinantes. Puedes aprender
técnicas, adquirir conocimientos, pero ellos son solo herramientas
para desarrollar lo que tus dones contienen.

Por otra parte, permítete sentir las emociones que lleguen; quizás no encajes en los parámetros de algunas técnicas, pero esa sensibilidad te está abriendo a verte a ti desde un nuevo lugar. La impaciencia, la intensidad, la angustia no son el mejor camino, pero son el camino para ti en este momento. Es un trabajo que requiere tiempo, y la serenidad llegará. Por ejemplo, si estás triste, lo primero será detenerte, observar tu tristeza, permitir que te dé su mensaje, que te muestre lo que necesites ver. Solo así puedes lidiar con las emociones sin perder lo esencial, que es tu paz. Si te aproximas a la tristeza montada sobre el miedo o la ansiedad por tu futuro, como me parece que te ocurre, o la bloqueas porque no es lo que corresponde en el proceso en el que estás, lo que harás será crear condiciones para engancharte aún más a esa emoción y quedar atrapada. Te animo a seguir tu búsqueda, pero levantando las barreras que tú misma te estás colocando.

Una buena coach, que acompaña, antes debe animarse a acompañarse ella misma. Y este momento, que puede sentirse incómodo y desafiante, puede ser la materia de estudio más importante. Lo demás lo aprenderás con tu intelecto, pero ahora es tu corazón que está abriéndote a la sabiduría que solo el alma puede darte. Haz más silencio y escúchate. Luego, podrás nutrirte con conocimientos. En este momento, es a ti a quien están invitando a conocer.

# Ante la muerte

*Un chico con quien tenía una relación, y que padecía esquizofre-nia, desafortunadamente decidió terminar con su vida. Me siento muy desconcertada, no puedo entender su decisión y tengo un dolor que no puedo superar. ¿Cómo podría aceptar espiritual-mente esta pérdida?*

*Ariadna*

Querida Ariadna,

Cuando una persona se va, inconscientemente se activa nuestro propio miedo a la muerte. El problema de fondo, la fuente del dolor, no es tanto la partida de tu amigo sino todo lo que el mis-terio de su muerte ha despertado en tu interior. No pretendas entender su decisión, aun cuando pudieras tener todos los datos posibles, su decisión fue entre él y su conciencia, un espacio donde nadie más que él pudo acceder. Vuelve la mirada hacia ti misma, reconoce los miedos que esa muerte ha activado y reto-ma tu propia búsqueda de la plenitud agradeciendo el milagro maravilloso de estar viva, en este cuerpo y con mucho por expe-rimentar.

Irás encontrando alivio y bienestar con su partida, y desde esta nueva mirada, menos contaminada por la tristeza y el desconcier-to, podrás reconectar con él de otra manera: sintiéndolo. Te darás cuenta de que su vida no estaba reducida a su cuerpo físico, y que desde este espacio de libertad donde ahora habita podrás encontrar el amigo que nunca se fue.

# La ansiedad de ser madre

*Cumplí 30 años y mi esposo y yo llevamos más o menos un año tratando de quedar embarazados. Nos hicimos los exámenes y el doctor dice que todo está bien. Mi búsqueda por concebir me ha hecho sentir ansiedad, miedo y hasta tristeza al ver a otros con sus embarazos e hijos. ¿Será que no es para nosotros?*

*Lucia*

Querida Lucia,

Cuando hablamos de embarazo y de otra alma, de otra vida, nos estamos refiriendo a una energía que no podemos manipular, una energía que no obedece a tus órdenes. Tú lo has comprobado. Tu ego pretende decretarlo, y por eso te castiga con pensamientos de culpa, haciéndote sentir que si no estás embarazada es porque has hecho algo mal.

El deseo de ser madre debe ser genuino, consciente, y por eso calmado. Te diría: ¡Olvídate de ser mamá! Al menos por 6 meses; haz otros planes, vete de vacaciones, búscate una oportunidad nueva de hacer algo que no tenga nada que ver con la maternidad, evita las conversaciones que tengan que ver con eso, empieza a conectarte con personas que hablen otros temas, porque en este momento tu mente está intoxicada con la idea de ser madre. Hoy es una ocurrencia poseída por el ego que quiere controlarlo todo. Y como no puede, aparece eso que llamas miedo, ansiedad y esas tormentas.

Un hijo es una bendición. No permitas que su búsqueda se convierta en una fuente de estrés que, por otra parte, es probablemente lo que te aleja de la posibilidad. Confía, respira y permite que se cumpla ese plan inevitable del alma si así lo sentiste. Haz tu parte y deja que la vida misma lo complete haciendo la suya. Confía.

# Los que elegimos y no nos eligen

*¿Cómo se hace para no elegir al que no te elige?*

*Irma*

Querida Irma,

Esta pregunta probablemente nos hace pensar en las relaciones amo-rosas, pero tiene implicaciones para muchas otras elecciones de la vida: en el trabajo, en los estudios, en la amistad.

Generalmente esto es algo típico de la adolescencia, es decir, el enfrascarnos en «amores imposibles» o tratar de encajar de cualquier manera en un grupo de amigos. Pero cuando madura-mos, y estamos intentando llevar una relación y seguimos eli-giendo a alguien o algo que no nos elige, realmente tenemos un problema a resolver. Generalmente pensamos que el error está del otro lado, del que no nos elige, y podemos ser capaces de todo, de sacrificar incluso nuestras propias verdades para tratar de lograr la aceptación, y eso solo conduce a una frustración cada vez mayor.

Según lo que he experimentado y he aprendido, creo que una de las razones más comunes tiene que ver con que, en los primeros años, cuando aprendimos el amor a través del rechazo o a través de condiciones, creyendo que para ser amados debemos sacrificarnos y convertirnos en alguien distinto. Quizás porque así lo vimos en casa, o, muy posiblemente, lo aprendimos en la escuela, en este sistema de premios y castigos según nos portamos.

Eso nos lleva a seguir eligiendo maneras de amar que nos llevan al rechazo, o que, en el mejor de los casos, logramos que nos elijan, pero dando a cambio algún tipo de sacrificio.

Cuando nos damos cuenta de que eso fue algo que aprendimos, algo ajeno a nuestra naturaleza, podemos tomar la decisión de cambiar la forma de experimentar el amor en las relaciones. Podemos verlo como el compartir, el elegirnos mutuamente e incluir la posibilidad de no poder lograrlo si esto atenta contra mi propia valoración, que será, en definitiva, el primer acto de amor en la madurez.

Por eso, no es tan importante saber decir que no al que nos está diciendo que no, sino que esto sea genuino, no desde el enojo o la sensación de injusticia por no recibir ese cariño, sino desde el amor propio que nos hace ver en esa elección un acto de valor hacia nosotros mismos.

# ¿Existen los milagros?

*He escuchado hablar de los milagros y su relación con la espiritualidad, especialmente en el libro* Un curso de milagros. *¿Crees en ellos?*

*Ariel*

Querido Ariel,

Creo en que hay cosas que pueden modificarse, transformarse o cambiar de una manera milagrosa. Por ejemplo, sanarme de una enfermedad, perdonar y liberar enojos sin necesidad de pasar por algo violento, prosperar de alguna manera más rápida de lo que hicieron mis antepasados, podrían ser considerados milagros. También hay un nivel de milagros más sutil pero igual de grandioso, que es que en este momento podamos estar leyendo, entendiendo que estemos respirando y podamos mirar alrededor… sin que haya un esfuerzo en ese logro. Eso también es milagroso.

Los milagros a los que se refiere *Un curso de milagros* hablan del resultado externo por un cambio de la percepción interna. Cuando cambio la forma en que estoy observando eso que ocurre, eso cambia según la percepción que tengo. Cuando cambio de una percepción errada a una visión correcta, más cercana a la verdad, que se expresa en alguna forma de amor, esa decisión interna tiene un impacto en aquello que es observado. Lo que llamamos milagros, entonces, es la consecuencia, y la causa es la elección que he hecho internamente. Este efecto es siempre así, ya sea para un milagro o la ausencia de él. Porque también puede ocurrir al revés, por ejemplo: estar a punto de conseguir algo, enojarme y perderlo. Mi visión desde el miedo genera caos o distorsión, una visión amorosa genera un milagro.

Las cosas que dependen de Dios han sido dadas, las cosas que dependen de las leyes de la naturaleza han sido dadas, lo que nos falta en todo caso en nosotros es alinearnos con esas leyes o con esa forma en que la vida opera, para que los milagros puedan ocurrir. Por eso es por lo que siempre digo que más que trabajar con lo externo, con las circunstancias, con las personas, deberíamos poner más énfasis en trabajar en nosotros porque luego la vida comienza a moverse, a ordenarse. Y esa es nuestra gran esperanza y nuestro gran alivio, ese que nos lleva a detenernos en el medio de algo muy complicado y recordarnos quiénes somos, qué hacemos y a qué pertenecemos…, que es el gran recordatorio que siempre debemos tener.

# Dormir en paz

*De noche me cuesta dormir, tengo sueños pesados y me despier-*
*to, a veces con angustia, otras asustada. Son cosas que tiene que*
*ver con mi vida, pero no quiero ni pensar en ellas porque me sien-*
*to mal. ¿Qué puedo hacer?*

*Anabella*

Querida Anabella,

Usaré el ejemplo de la comida para que entiendas un proceso. Cuando comemos, el cuerpo toma lo que necesita de nutrientes, y el resto
lo elimina. Nuestra mente tiene un proceso similar. Todo lo que
pensamos la alimenta, pero luego debemos discernir qué queremos
sostener y qué dejar pasar. En el cuerpo, la digestión ocurre por la
propia inteligencia de nuestro organismo. Pero para la mente, ese
discernimiento lo hace nuestra conciencia. Esto es algo natural y
único de los seres humanos, no en otras formas de vida.

Todo recuerdo que no ha sido asimilado queda en espera de ser
atendido. Todo aquello que durante el día «no quisimos ni pensar»
en la noche aparece, porque la mente deja de tener resistencia. Por
eso, lo que evitamos de día no nos deja dormir de noche.

Para eso, te sugiero que antes de dormir revises cómo te sientes,
y si algo aún está ocupando tu atención porque no se siente bien
hagas algo con ello, no lo resistas. Toma una decisión, haz lo pen-

diente si es posible, envía un correo o contesta el pendiente. Y si no puedes hacerlo, conscientemente toma la decisión de dejarlo para el día siguiente, pero no lo ignores, porque es posible que regrese, pero para despertarte y quitarte la atención cuando necesitas descansar.

Si fuera una situación donde las emociones están más involucradas, haz el proceso de comenzar a perdonar, de irte aliviando de poco dejando que las emociones te vayan llevando a los pensamientos, juicios negativos en la mayoría de los casos, que has hecho sobre ti, algo o alguien más. Ya sabes cómo: no lidiando con el otro o lo que pasó, sino mirándote a ti y revisando qué pudiste hacer diferente y animándote a corregirlo la próxima vez. Pero quitando ese pensamiento del medio porque si no, se transformará en un fantasma más a la hora de dormir.

# Ante el caos mundial y nuestros propios caos

*Cada vez que ocurre un atentado terrorista o estos crímenes de odio tan comunes, lamentablemente, en estos tiempos, me cuestiono sobre por qué siguen ocurriendo estas desgracias y nadie las puede detener. ¿Qué mensaje hay que no vemos?*

*Lucas*

Querido Lucas,

Cuando ocurre una masacre o un acto terrorista, otra vez aparece la herida abierta de los seres humanos que no hemos podido lidiar con las diferencias, con el dolor y los miedos. Los miedos más profundos, de esos que pueden cegar tanto a alguien que, aun naciendo del amor, puede olvidarse de todo para crear tanto, tanto desastre.

En estos casos, de inmediato apuntamos al culpable y, con cierta justicia humana, lo condenamos. Pero encontrar culpables, claro está, no nos ha hecho una mejor sociedad. Las pruebas están a la vista. Siento que es hora de dejar de buscar culpables y encontrar responsables. Y en esa lista, quién mas, quién menos, estamos todos apuntados.

Hay dos preguntas que constantemente me hago:

«¿Qué puedo hacer por esto?» Y después de encontrar la respuesta, me hago otra: «¿Qué estoy dispuesto a hacer de eso que puedo?», permitiéndome una respuesta honesta.

La ira, el ataque a lo diferente y lo que no conocemos, pero enjuiciamos, la violencia y ese enojo invisible que aparece cada día en nuestras calles no nos es ajeno. De una u otra manera, somos parte de él. Quien ofende, ataca y mata es parte de este mundo, vive en una familia y, muchas veces, está más cercano de lo que pensamos.

Soy optimista, pero también trato de ser objetivo para darme cuenta de que aún a esta altura de la evolución no estamos tan adelantados para lidiar en paz con los que piensan diferente, o dejar de lado todos los enojos que muchas veces terminan en violencia, pero también sé que podemos elegir otra manera. Estamos un poco adormecidos, pero no tanto como para seguir apostando por lo que nos destruye.

¿Qué podemos hacer por esto?

¿Qué es lo que estamos dispuestos a hacer de eso que es posible?

Comencemos hoy, donde estemos, a revisarnos para que estas tragedias no se conviertan en otro espejo para vernos y dar vuelta la cara. Sino para, de una vez por todas, mirar de frente y hacernos cargo de que el espejo no puede ser tan diferente del rostro de quien se mira.

Somos el mundo. El mundo no está afuera. Afuera solo vemos lo que somos. Y tengo la certeza de que somos mucho más que todo esto. Mucho, mucho más.

# Alejarme de ti me acerca a mí

*Soy una mujer de 38 años, divorciada, y actualmente vivo sola con mi gato. Aunque me considero inteligente, no he logrado lo que he querido en el plano emocional. Llevo 3 años divorciada luego de un matrimonio donde primero hubo violencia física de su parte y luego violencia psicológica. Me reencontré con un viejo amor y eso me dio fuerzas para dejarlo. Sin embargo, tampoco resultó la relación y hoy, un año después, lloro aún por lo que dejé y no hice bien. Hace poco tuve otro intento de relación que tampoco funcionó, y me siento culpable por eso... ¿Se puede tener miedo a la felicidad?*

*Laura*

Querida Laura,

Primero, las relaciones de pareja no son para todo el mundo, ni queremos a esas personas todo el tiempo con la misma intensidad. Incluso estando en pareja hay veces que podemos desear no estarlo, así como hay momentos en que necesitamos mayor contacto.

Pero respondiendo tus preguntas, veo que cada frase que dices va en contra de ti, y lo primero que advierto es esa manera que tienes de enjuiciarte. Los juicios siempre invitan a la culpa, y la culpa al castigo. Cuando hay castigo y culpa hay una historia que nos pone en posición de víctimas, y ese lugar que has elegido creo que te ha acompañado una buena parte de tu vida. Todo nace de creer que la vida que has vivido debió ser diferente, que no se parece a lo que debió haber sido. Esto es muy común en los seres humanos, y es el atentado más grande contra nuestra felicidad. No nos permite ver lo valioso que hay en lo que hemos vivido. Yo no sé si tú quieres estar con alguien o no, pero tu mensaje habla de que te cuesta mucho estar contigo, y cuando a uno le cuesta estar con uno mismo le va a costar aún más estar con los demás. Entonces haz las paces contigo, revisa tu vida. Solo tú puedes descubrir si quieres o no realmente estar con alguien, pero creo que lo que andas pidiendo es un recreo, un tiempo lejos de esas relaciones. ¿Qué hace uno cuando come mucho? Se aleja de la comida para poder hacer la digestión. Es una decisión sana para poder encontrarte contigo y resolver todo lo que está incompleto en tu vida, que son principalmente esas ideas de culpa y condena por todo lo que podría haber sido y no fue. Hay un tiempo para nosotros que, si no lo tomamos, la vida nos invita a hacerlo de alguna manera. Y todo me dice que esa invitación está sobre tu mesa.

# Sexo y espiritualidad

*Me pregunto sobre la relación entre el acto sexual y nuestro cre-*
*cimiento espiritual. ¿Existe esa relación entre nuestro cuerpo y*
*nuestra alma, entre la energía sexual y la espiritual?*

*Juan Carlos*

Querido Juan Carlos,

En la mayoría de las filosofías orientales encontramos un nexo,
en algunos casos una total integración, entre la sexualidad o el
sexo mismo y la espiritualidad. Digamos que la sexualidad ofrece
a nivel físico una experiencia muy cercana a lo que podemos
considerar la presencia del espíritu, al gozo que el espíritu produce. La experiencia sexual a nivel energético puede hacer que
literalmente nos desconectemos de todo lo que nos distrae, incluyendo miedos e inseguridades. Hay un momento en el que
sentimos que todo el mundo externo se paraliza o desaparece en
un instante. Algunas teorías dicen que si tienes muchos de esos
instantes vas a facilitar la conexión con tu espíritu, pero, la verdad, no conozco mucha gente que haya llegado a vivir la experiencia de su espíritu por tener muchas experiencias sexuales
satisfactorias o sublimes. Lo que sí es mucho más probable es el
camino inverso, es decir, no del sexo a la espiritualidad, sino de
la espiritualidad al sexo.

Si nos hacemos más conscientes, si adquirimos disciplina en la meditación, si mantenemos el rumbo del bienestar que nos dicta el espíritu, si impedimos que nuestra mente nos empuje hacia el territorio del miedo y la desconfianza, todo eso va a asegurar que la experiencia sexual no tenga unos picos satisfactorios, sino que sea satisfactoria en sí misma. Si partimos de esta premisa, la sexualidad se integrará plenamente a nuestra evolución personal.

# Confiar en nuestras certezas

*Me he tenido que someter a una cirugía abdominal que había postergado durante muchos años. Cerré mis ojos y me pregunté: «¿Debo operarme?» «¿Es esto bueno para mí?» Me lo pregunté muchas veces y siempre sentí una sensación de paz, pero no tenía plena confianza en que era mi camino. Por eso, después de fijar la fecha de la operación, seguí haciéndome las mismas preguntas, con el mismo resultado. Fue un largo proceso, pero finalmente tomé la decisión y todo salió bien.*

*María L.*

Querida María L.

Lo que cuentas revela lo difícil que se nos hace confiar en nuestras certezas. Si me siento en paz, la respuesta es sí… y ya. Pero lo que suele ocurrir es, por ejemplo, similar al caso de quien se compromete con alguien en el amor y constantemente está preguntando: «¿Pero tú me quieres?»

Cuando digo certezas no me refiero a lo que tu mente dice, sino a la verdad que viene del corazón, donde no hay mentiras. Si te sientes en paz, si está todo dado para que ocurra de la mejor manera posible, no tiene sentido seguir interpelando una y otra vez a esa certeza. Hay que ordenarle a la mente que se quede quieta, y si no lo hace tenemos que refugiarnos en nuestra paz mientras ella sigue saltando, pero alguien tiene que parar.

Cuando se nos revela una verdad tan poderosa que podemos considerarla una certeza, con todo lo que esa palabra significa, debemos apreciar su enorme valor. Nunca dejarla pasar o someterla a los ataques constantes de nuestro ego, que siempre aparecerá armado de miedo y desconfianza. La mente no para, pero tampoco necesitamos que pare. Lo que necesitamos es darle valor a lo que sentimos. Y, ahora lo sabes, si se siente en paz, ese es el camino.

# Tristeza y soledad

*Estoy a punto de finalizar mi carrera, tengo una familia que me apoya y muchas amistades. Todo esto se ve bien, y sin embargo no me siento plena. Quisiera dejarlo todo, familia, estudio, amigos, e irme en búsqueda de algo más. En el fondo siempre tengo tristeza. Siento que no voy a la par del resto del mundo y me siento perdida. ¿Qué me sucede?*

*Nilyem*

Querida Nilyem,

Primero, la soledad y la tristeza no habría que remediarlas o apaciguarlas, sino escucharlas. La tristeza es un sentimiento que nos ayuda a entender lo que nos está pasando y a tomar conciencia de que algo está cambiando, algo que no es tan perceptible, y por eso una emoción la pone en evidencia.

La tristeza aparece ante un final, ya sea de una situación, de una experiencia o de alguna forma de vivir. No aparece siempre, pero con toda seguridad cuando nos resistimos a ese final. En cuanto a la soledad, que generalmente se asocia con el hecho de no estar acompañadas, ya vemos que tú la experimentas a pesar de tener un entorno familiar y amistoso muy cercano.

La clave está en usar a nuestro favor cualquiera de esos sentimientos, entendiendo que son un mensaje del alma pidiendo que te hagas cargo de aquello que viniste a ser y hacer, reconociendo que ha llegado el momento de un cambio.

Estás llena de preguntas que solo tú podrás llegar a responder, y ese es un camino solitario. No hay que temer a esa soledad; al contrario, representa una oportunidad de vida. Quizás no tiene respuestas inmediatas, pero no desesperes.

Ese intento de ir a la par del resto del mundo, como dices, esa necesidad de encajar, es lo que más te hace sentir sola. Pienso que esa sensación es producto de tu propio proceso de cambio. Tú sientes que has creado una buena versión de tu persona, pero creo que lo que hay es un personaje que está empezando a morir, que está perdiendo fuerza. La tristeza es ese signo de final, del duelo que experimentas ante la partida de lo que tú imaginaste que debió haber sido. Sin embargo, nada está muriendo en realidad. Estás evolucionando, transitando un camino que era necesario para darte cuenta de la persona que realmente eres. Tanto la tristeza como la sensación de soledad perderán fuerzas cuando puedes ver que hay una manera más auténtica de vivir, que no dependerá tanto del mundo que te rodea sino de ser fiel a lo que te pide tu esencia. A veces negociamos quiénes somos, y el costo físico y emocional son muy altos.

# La naturaleza del alma

*Quiero conocer tu opinión sobre qué es el alma. ¿Cómo la describirías?*

*Alberto*

Querido Alberto,

Digamos que el alma es la mediadora entre el espíritu y el cuerpo. Vamos a ponerlo así: nosotros tenemos una parte muy sana, la parte más sana, que es el espíritu. El espíritu está más allá de todo lo humano, es una conciencia absolutamente pura. Y luego tenemos el cuerpo humano que es lo opuesto en sentido energético, es decir, lo terrenal. Si el espíritu solo conoce el amor, lo humano esta aferrado al miedo, a lo material, solo cree en lo que ve. El mediador, el alma, debe necesariamente conocer ambas partes. Un mediador humano no podría entender lo espiritual, y un mediador espiritual no podría entender lo humano, entender por qué sufre, por qué elige cosas contrarias a lo que le muestra su corazón. Entonces, allí interviene el alma. El alma es inteligencia, sabiduría. Cuando queremos tomar una decisión podemos guiarnos solo por nuestros conocimientos, basados en lo que hemos leído, escuchado o presenciado, y aun así seguimos fallando. Pero cuando escuchamos lo que el alma nos dice alcanzamos una visión mucho más amplia. Para llegar a la conciencia espiritual tenemos que apoyarnos en el alma.

Como he comentado muchas veces, hay dos sentimientos que nos indican la presencia y el hacer del alma: la paz y el gozo. No me refiero a la tranquilidad o a la alegría, que suelen depender de lo que ocurre a nuestro alrededor, sino de ese profundo bienestar que podemos experimentar incluso en medio del peor conflicto o de la adversidad. Cada vez que vayamos a hacer algo, si consultamos al alma, experimentaremos dos sensaciones: paz interior o la ausencia de esta. Cuando se siente en paz, el alma está de alguna manera apoyando eso que vamos a hacer. Y, de la otra manera, no nos está diciendo que no como el ser humano lo haría, para negar o penalizar, sino para cuidarnos o guiarnos hacia otro camino. Por eso, ante la ausencia de paz, la invitación es a detenernos y revisar si eso que íbamos a hacer realmente era lo más amoroso, lo más cercano a nuestra verdad. Si era lo que realmente queríamos. El gozo nos muestra lo que el alma tiene en nuestro destino, pero aún nuestros ojos no pueden ver. Si buscamos el primer sentimiento que nos llevó a ponernos en marcha para algo que hoy es un logro que disfrutamos, nos daremos cuenta de que hubo una experiencia de gozo en nuestro corazón. Por eso, antes de hacer planes, podríamos bajarlos de la mente al corazón para preguntarnos: «¿cómo nos sentimos con eso?» Y aun cuando exista miedo, natural ante lo nuevo, en el pecho sentiremos una clara sensación de gozo. Es cuando el alma nos dice: «Es por allí».

# Cuando hay autenticidad,
# la motivación llega sola

*¿Cómo manejas tus momentos de bajo ánimo a la hora de trabajar en lo que haces?*

*Lucas*

Querido Lucas,

Cuando hacemos algo que tenemos muchas ganas de hacer, no necesitamos buscar la motivación. La motivación es consecuencia de estar conectado a algo que es real en mí, y si no hay motivación es posible que lo que esté haciendo no sea auténtico.

No trates de motivarte, trata de buscar algo que resuene contigo. Mi camino en los últimos 20 años ha incluido respetar aquello que siento y quiero hacer. A veces me preguntan de dónde saco tanta energía. Y les digo: «¡Haciendo lo que siento hacer!» Cuando nos presionamos para hacer lo que no sentimos, eventualmente lo vamos a abandonar, o puede que ni siquiera lleguemos a iniciarlo. No trabajo para complacer necesidades externas, sino desde mis propias necesidades. No trabajo en función de lo que ustedes quieren recibir de mí, lo hago en función de lo que yo necesito dar de mí. No necesito un impulso externo, no necesito gente que esté interesada en lo que tengo para ofrecer. Necesito hacerlo, ofrecerlo sabiendo que eso atraerá gente que podrá disfrutar, recibir aquello que tengo para dar. Por lo tanto, lo primero es preguntarnos: «¿qué es lo que estoy dispuesto a ofrecer?» No hablo de lo que tengo, que siempre es mucho, sino de lo que, efectivamente, estoy dispuesto a compartir hoy y aquí. Hay preguntas que podrian ayudarnos a no gastar tanta energia que luego nos deje vacíos: «¿Qué es lo que realmente puedo hacer u ofrecer?» «¿Qué de eso de lo que puedo, estoy dispuesto ahora?» «¿Cuál es la manera más auténtica para darlo?» Y obrar en consecuencia.

El cansancio físico es natural cuando hemos estado en movimiento, y muchas veces sirve para ayudarnos a tomar una pausa porque lo que nos apasiona nos entusiasma tanto que nos olvidamos de lo humano, pero el cansancio emocional no es natural, sino una alerta de que estamos obrando en contra de nuestra verdad, de lo que sentimos propio. No siempre podrás hacer lo que te gusta, pero busca una manera que se sienta propia. No siempre podrás elegir la manera, entonces busca que tu entrega sea genuina. Al fin, no todo tiene que ver con lo que hacemos, sino con la manera que elegimos hacerlo. Y es allí donde la verdadera motivación aparece. Hay una actitud que nos va a ayudar a salirnos de esos momentos cuando nos sintamos estancados. Es el servicio. Encontrar valor en lo que estamos ofreciendo y a quién se lo estamos ofreciendo nos quita la mirada egoísta que solemos tener cuando algo nos desagrada y la frustración parece ganarnos.

# La decisión de perdonar

*¿Qué hacemos para perdonar a la expareja? Lo he intentado todo y, aunque durante un tiempo parece que lo he hecho, después lo recuerdo todo y vuelve el dolor.*

*Alejandro*

Querido Alejandro,

Hay algo clave en el perdón, y es dejar de desear que él o ella fuesen distintos o hubiesen hecho las cosas de otra manera. Lo que nos mantiene en el enojo es seguir anclados en nuestras expectativas sobre lo que debió pasar, furiosos porque lo que él o ella hizo no coincide con lo que esperábamos. Eso nos enoja mucho, nos duele, y la razón de ese dolor no es lo que pasó realmente, sino el ver que nuestras propias expectativas no se cumplieron. Entonces, es necesario hacer las paces reconociendo que lo que pasó es lo que pasó, que nada puedo hacer para cambiarlo y que por lo tanto no voy a invertir más energía deseando que fuese diferente. Es un ejercicio que requiere constancia, repetición, porque en los primeros intentos tu mente dirá: «¿Tú estás seguro? ¿Estás seguro de que ella no debería o podría haber hecho las cosas como te dijeron tus amigos o tu familia que debieron ocurrir?» Es en esos momentos donde tienes que tener la voluntad de hacerlo de otra manera y la claridad para ver que no se trata de tu expareja, ni de lo que ocurrió, sino de tu desilusión al no lograr ver o experimentar lo que esperabas. El perdón ocurre en ti, y comienza con la aceptación. Poco a poco, pero tienes el resultado garantizado. Es natural que quieras dejar de sufrir, y en cuanto comiences a verlo de esta manera el sufrimiento perderá fuerzas. Y allí conseguirás el entusiasmo para seguir desafiando las razones, pero dejando que el corazón obre. Con el tiempo, verás cómo esta situación te dio uno de los regalos más grandes el abrir los ojos para entender que no somos consecuencia de lo que sucede, sino que somos la causa. Es decir, cuando puedo ver mi parte y transformarla, la experiencia mostrará ese cambio.

# Volver a volar, ahora tu propio vuelo

*Hasta hace un par de años tenía un hermoso trabajo y lo dejé. Creo haber sido impulsiva. A los pocos meses me puse triste. Era azafata, volé 5 años, y sigo queriendo volver a volar. ¿Qué me pudo haber pasado?*

*Stefania*

Querida Stefania,

No es raro tomar decisiones que obran en nuestra contra, y a veces resulta muy difícil de explicar. Hay un mecanismo muy desarrollado e inconsciente en los seres humanos que termina convirtiéndonos en nuestros peores enemigos. Es como si no pudiéramos tolerar cierta cantidad de felicidad, y cuando nos exponemos a condiciones agradables, favorables y positivas, nos convertimos en nuestro propio límite. Es ilógico, pero se manifiesta así. No solo nos ocurre con la felicidad, a veces la libertad corre la misma suerte. Por ejemplo, no estamos listos para que alguien confíe sin medidas en nosotros, y entonces empezamos a tropezar creando razones para que la confianza se quiebre, pero ¡la quebramos nosotros! Y en formas de pensamiento más elementales, pero muy comunes, al no encontrar motivo para la queja, la buscamos de alguna manera. Y así, le vamos poniendo topes a nuestra plenitud. Otras veces, peor aún, acabamos eligiendo la infelicidad o la falta de libertad, por ejemplo, involucrándonos con personas que no nos tratan bien o aceptando trabajos que no nos hacen felices.

A veces se nos dificulta mucho aceptar la grandeza de lo que somos y empezamos a poner palos en la rueda. Pero te puedo decir algo para tu tranquilidad, y es que si logras ver lo que ocurre, no solo vas a poder volver a trabajar en lo que te gusta, que es volar, sino que lo vas a disfrutar aún más que antes, porque ahora lo elegirás conscientemente a tu favor. Por eso, estoy seguro de que en algún punto comprenderás que tu decisión de renunciar tuvo un sentido, que fue acertada, aunque tus razones fueran equivocadas. En ciertas oportunidades, perder lo que tenemos en la mano nos ayuda a valorarlo. La buena noticia es que siempre podemos volver a elegir. Siempre.

# Para siempre... hasta que se acaba

*Sufro un gran desamor y no sé cómo manejarlo. Vivo en México y mi antigua pareja vivía aquí. Comenzamos una amistad en el colegio y luego de ocho años decidimos tener una relación. Sabía que se iba del país y por eso al principio no quería ser su novia, pero más adelante me decidí. Lo cierto es que compró su pasaje y desde ese día entré en depresión. Luego de 6 meses en los que esperé cada día volverlo a ver, decidió quedarse fuera del país, sin ninguna posibilidad de vernos nunca más. ¿Cómo aceptar el hecho de que no te quieren lo suficiente?*

*Mariana*

Querida Mariana,

Aunque queramos relaciones para siempre, hay una realidad: las decisiones personales alteran los planes. La verdad es que nada de lo creado por el ser humano dura para siempre. Pensar que una relación tiene que ser para siempre es comprarte un automóvil que eventualmente va a encontrar una pared, se va a estrellar o que puede quedar sin batería. Esto no significa que podamos crear relaciones duraderas que duren toda la vida, pero las vamos creando, no es algo dado por el solo hecho de estar juntos.

Te preguntas cómo aceptar que no te quieren lo suficiente y me parece que esa no es la pregunta. Para ti lo suficiente es que él renuncie a vivir su vida para quedarse a tu lado. Esta posición, además de ser algo egoísta, es muy desfavorable para ti, porque estás eligiendo contarte una historia en donde eres víctima, ya que lo que necesitas para sentirte valorada no es lo que está ocurriendo. Es esa ingenuidad que asumimos cuando andamos buscando el amor por fuera, cuando creemos que el amor lo trae otra persona. Él te dijo claramente que no quería estar siempre contigo, que se iría del país, y tú aceptaste este juego. No hubo ninguna omisión de su parte, al menos en lo que cuentas.

El error, en todo caso, fue generar unas expectativas basadas en la historia que tú te hacías y no en lo que él te exponía. ¿Qué necesidad había de ilusionarse ante una verdad tan clara, ante el hecho de que él no quería estar contigo de la manera que querías? Por eso ahora hay rencor, y si hay rencor no había amor. Lo que hubo fue la búsqueda del amor imposible en otra persona. Hay un grito de amor, y esa es la raíz de la depresión que tienes ahora. Deja de buscar afuera, aprovecha este momento para darte un espacio, mirarte y ver qué quieres hacer contigo y con tu vida. Estás en el punto donde todo está por hacerse, y seguir poniendo la expectativa en él, o en lo que sucedió, es una manera de demorarte.

Con el tiempo, podrás agradecer todo lo que pudiste darle y recibiste de él. Pero el dolor no te deja ver aún la riqueza de esta experiencia. Tomando tiempo para ti, decidiendo qué quieres proyectar en tu vida, más allá de una pareja, será el bálsamo que te sacará de este momento gris y te devolverá el entusiasmo por la vida. Por la vida, y por ti.

# ¿Por qué extrañamos tanto a quien se fue?

*Mi esposa se fue hace un año y medio de casa y ya nos divorcia-*
*mos, pero aún la extraño. Es como una adicción… No dejo de*
*pensar en ella, y me abruma esta situación.*

*Sebastian*

Querido Sebastian,

A menudo no encontramos las soluciones porque las buscamos en el lugar equivocado, fuera de nosotros mismos. Eso que llamamos «extrañar»
nos exige un enorme gasto de energía en desear que esa persona esté
cerca, en quejarnos porque no está, en imaginar que podría volver, en
intentar revivir lo ya vivido, y nos distrae de nuestra vida aquí y ahora.

Lo natural es que cuando alguien se va haya una etapa que llamamos duelo, en la que nos vamos adaptando a su ausencia. Las
rutinas cambian, la cama se siente vacía y vienen unos días sin poder dormir cómodos o tranquilos porque estábamos acostumbra-
dos a su olor y a su presencia. Pero cuando pasa tanto tiempo y la
adicción, como tú la llamas, va creciendo, en realidad no extrañamos a la persona. Lo que extrañas es aquello que esa persona te daba
y que tú crees que solo ella puede darte, y más claro aún: que tú crees
que no puedes darte a ti mismo.

Por ejemplo, si se va de nuestra vida alguien que nos valoraba,
lo que extrañamos es ese valor que nos ofrecía. Entonces nos senti-

remos poco valiosos y creeremos que es necesario que esa persona regrese para recuperar nuestra imagen perdida. Tomar consciencia de esa gran diferencia entre lo que una persona es y lo que recibimos de ella es ya un primer paso para descubrir que eso que necesitamos ya está en nosotros.

Comienza a actuar en consecuencia, dándote aquello que recibías de ella. No será igual, pero será suficiente para poder encontrar el equilibrio que has perdido. Y en equilibrio, ya podrás mirar con ilusión lo que sigue.

# El amor no se elige en la mente

*Tengo una media hermana a la que solo conocí hace pocos años. Ella fue abandonada por papá cuando era chica. Recientemente nuestro padre enfermó gravemente. La llamé para pedirle apoyo y me respondió con una carcajada. Dijo que merecía morir así. Yo corté toda relación con ella, no la quise ver más y menos escucharla…, pero actualmente, y como parte de mi camino espiritual, siento que debo aceptar ese incidente y soltar mi rencor. ¿Estás de acuerdo?*

*Patricia*

Querida Patricia,

Ante todo, has actuado honestamente y no hay razón para sentirse mal por la necesidad, en cierto momento, de darnos un tiempo o un espacio en algunas relaciones, especialmente en las familiares que son tan complejas. Más aún en tu caso donde de buenas a primeras llega alguien con un rol tan cercano, de hermana, además de su situación de abandono, una situación totalmente ajena a ti.

Amar no es obligatorio si no nos sentimos listos. Amar no es una tarea que nos podemos imponer, sino que vamos poco a poco haciendo lo que sentimos, siempre en favor de construir una relación amorosa, pero paso a paso.

El hecho de que de pronto alguien se presente como tu hermana no despierta mágicamente el amor por ella. Puede ocurrir, pero no es tu caso. Partiendo de ese punto, lo que hiciste en ese momento fue lo mejor, o en todo caso mucho mejor que forzar un vínculo que no se puede construir de un día para otro.

Tomar distancia de hecho puede ser una buena manera de amar cuando no sentimos otra manera posible. Es una forma de respetar y respetarnos. Sucede también en las parejas cuando la relación llega a un nivel de desorden que exige una pausa. Eso asusta mucho, pero en realidad no tiene por qué significar un final; sencillamente, hace falta un tiempo para mirarnos a nosotros mismos, para no distraernos con el otro, para reordenarnos hasta que podamos ofrecernos nuevamente por completo. No nos castiguemos por darnos un tiempo con las personas que amamos o que queremos amar o que no podemos amar. A menudo, solo desde esa distancia se puede contemplar la verdad de la relación.

Tu hermana sufrió mucho por no tener lo que tú tuviste. Para ella no era posible ser compasiva con su padre. Ante todo, entiende esa situación y respeta sus tiempos. El día que decidas acercarte, no debes ir con la expectativa de que ella reciba tu amor sino, simplemente, comprendiendo su dolor. Comprender su dolor irá abriendo paso a una nueva actitud donde el rencor no tendrá lugar. Hazlo poco a poco, el ritmo que el corazón disponga, no el que la mente te diga que es el correcto.

# Conectarnos más allá de la muerte

*Después de la muerte de mi padre estuve muy deprimida, por años.*
*Sentía mucha culpa y no me permitía llorarlo hasta que hice terapia.*
*Después de la primera sesión, esa misma noche soñé con mi padre.*
*Pude decirle llorando que lo extrañaba y él me abrazó. Cuando le*
*conté a la terapista, me dijo que ese encuentro fue real y me dio a*
*entender que fue mi padre quien me había llevado hasta allí. Me*
*cambió la vida, pude respirar, fue como quitarme una mochila de*
*encima, pude entender la muerte de mi padre y además asomarme*
*a un mundo mágico y nuevo. ¿Qué fue lo que pasó? ¿Fue real?*

*Isabel*

Querida Isabel

Lo que consideramos posible o imposible, real o falso, está muy limitado por lo que los cinco sentidos pueden validar. La idea de que el encuentro con tu padre sea solo una fantasía está basada en pensar que todo se limita a esos cinco sentidos.

Cuando las personas mueren, no se van tan rápido. Dejan el mundo tangible, pero podemos reconocer su presencia. No es tan común que ocurra porque estamos cerrados mentalmente y no nos lo permitimos por temor a esa nueva experiencia.

Cuando dormimos, descansando profundamente, el alma, por el contrario, está en plena actividad y suele moverse por esos planos invisibles, físicos también pero no visibles, en donde todavía está tu padre. Allí no hay pasado ni futuro; quizás mañana no es mañana y lo que se nos muestra ya empezó a ocurrir. Por eso durante los sueños podemos ir más allá de esta realidad inmediata, no como fantasía, sino como un viaje donde nos conectamos con esos otros planos.

Cuando las personas fallecen, también podemos sentirlas, recibirlas, hablarles, aunque sea sin palabras. De hecho, en estos planos más sutiles es donde se nos hace más fácil poder cerrar algo que en la convivencia no pudimos. Cuando estamos encarnados, la personalidad suele mediar, y cuando esta tiene mucho miedo la actitud suele ser distante, agresiva, escapadiza o arrogante, por lo que habrá situaciones que, aun cuando nosotros estemos dispuestos a compartir, la otra persona no se mostrará disponible. En cambio, en el plano de alma, un encuentro luminoso es posible.

# ¿Problema de dinero?

*Necesito reunir dinero para irme a Canadá, un sueño que creo posible. Gano buen sueldo, tengo 23 años, pero no sé por qué razón llevo meses sin ahorrar nada y me frustro mucho. No despilfarro dinero, incluso mi familia dice que soy tacaño, y creo que es verdad. ¿Cómo resolver la situación? Me siento muy culpable de no lograr esta meta…, es una locura.*

*Marcelo*

Querido Marcelo,

Parece obvio que hay muchas contradicciones en lo que planteas. Si consideras que tienes un buen sueldo y que no despilfarras…, pues algo muy extraño ocurre para que no logres ahorrar. Pero vayamos al fondo de tus palabras y quizás podamos aclarar la situación. Lo primero que noto es que comienzas por poner en duda tu meta cuando haces esa aclaratoria de «que creo posible». Ese tipo de afirmaciones suele esconder una negación; es decir, si sientes la necesidad de afirmar y aclararnos que lo crees posible, es probable que en realidad no lo creas o que incluso no lo desees con tanta convicción como piensas. Cuando identificamos un sueño, no tardan en aparecer todos los miedos. Creo que tú tienes dudas acerca de que irte a Canadá sea lo que quieres o de que sea efectivamente posible, y quizás sea esa la razón por la que no juntas dinero. Estás dejando de manifiesto una contradicción interna entre lo que deseas y lo que temes, y ello se traduce en una gran resistencia.

Solución: soy de los que hacen el camino más corto, menos análisis y más acción, por lo que te diría que, primero, reconozcas que el problema no es el dinero, y segundo, te preguntes con franqueza si realmente quieres ir a vivir a Canadá. Muchas veces construimos resistencias para evitar lo que «nos gustaría» hacer, pero no queremos hacer realmente. Esto pasa incluso en las relaciones, pues queremos estar bien con alguien, pero no hacemos las cosas necesarias para estar cómodos, dejando ver que no deseamos de verdad estar bien, sino dejaríamos pasar lo que destruye la paz en la relación. Esto, para que entiendas que es una dinámica común entre nosotros, los seres humamos.

Si de verdad quieres irte a Canadá, acepta que es perfectamente posible. Cualquier persona en tu situación y con tus recursos puede hacerlo. Revisa, insisto, si es realmente lo que quieres. Si la respuesta es positiva, revisa también tu relación con el dinero y descubre la forma en que tú mismo estás poniendo un palo en la rueda para que las cosas no ocurran. Porque todo está a tu favor, la única pieza que falta eres tú.

# El valor de nuestra presencia

*Tengo 24 años. A menudo cuando salgo a fiestas con mis amigos me siento culpable, siento que no estoy haciendo nada útil por el mundo y suelo entrar en un hueco porque siento un miedo a no sé qué, como si fuera a pasar algo malo. ¿Cómo dejar de lado esta culpa?*

*Richard*

Querido Richard,

¿Qué sientes que tienes que hacer? ¿Qué sientes que es útil en este momento para el mundo? Fíjate que no te pregunto lo que piensas que es tu deber o lo que otros piensan, sino lo que honestamente sientes y quisieras hacer. Si tienes una respuesta, pues ponte en movimiento, da un primer paso, aunque sea pequeño. No significa que tengas que dejar de ir a las discotecas o de salir con tus amigos, sino tratar de hacerte una vida más completa donde todo quepa, pero, sobre todo, no te excluyas a ti.

Cuando en verdad tenemos que hacer algo, sentimos como una urgencia que está más cerca del apasionamiento que del estrés. Deberíamos siempre poner énfasis en cómo fortalecer esa energía para ponerla en acción, haciendo lo que podamos en el presente. Generalmente nuestro ego, que siempre quiere ponerse en el medio, nos va a imponer metas muy altas e ideas muy complejas para que todo parezca inalcanzable. Por eso debemos centrarnos en los recursos que tenemos a mano y actuar hasta donde podamos. En ese apasionamiento del que te hablo no hay culpa, no hay un malestar culposo de no estar cumpliendo con las expectativas del mundo. La forma en que nuestra alma nos va impulsando a que hagamos algo es a través del gozo, de la pasión. Disfruta tus diversiones, pero ábrete al disfrute, que seguro encontrarás otras actividades que te permitan desplegar tus talentos y tu capacidad de ser útil. Aunque podría intuir que en ese grupo de amigos, en esos espacios, también puedes contribuir. Porque no son ellos, no son los lugares, es tu presencia la que marca la diferencia. Darte cuenta de que puedes ofrecer algo diferente por hacer lo que sientes quitará fuerza a esta autocritica que te hace sentir incorrecto. Disfruta de ti y disfrutarás mucho más de todo lo que te suceda.

# Aceptar para perdonar

*A través de los años mis familiares me han lastimado mucho. Soy
una persona a la que le cuesta mucho perdonar. Trato de entender por qué actuaron así, pero vuelvo siempre sobre los sucesos y
vuelve así el dolor. Tanto que hace tres años caí en depresión.
Quisiera tener la clave para perdonar y la certeza de que no voy
a caer en depresión otra vez.*

*Andrea*

Querida Andrea,

Ante todo, decirte que una de las maneras de no querer perdonar es
queriendo perdonar de golpe, así como una de las maneras de no
querer bajar de peso es buscando una dieta mágica que me adelgace
en tres días. Si queremos de verdad perdonar tenemos que entender
que el perdón es un proceso. No es inmediato porque nuestra mente
no lo entiende, siempre va a querer buscar y tener identificado al
culpable. A lo sumo aceptará una forma de perdonar donde el otro
es el equivocado y yo el sabio; un perdón que no lleva a la paz, que
es finalmente lo que uno busca. Hasta que nosotros no hacemos las
paces con nosotros mismos, internamente no estamos en paz, y el
verdadero perdón conduce a una sensación plena de paz interior.

Como es un proceso, el perdón conlleva una continuidad de
decisiones, de actitudes, que tienen algo en común, que es la acepta-

ción. La falta de aceptación nos aferra a que la otra persona debió haber sido diferente, que yo debí haber sido diferente, que debió haber dicho otra cosa, etc. Así el perdón se hace imposible.

¿Cómo podemos perdonar? Observándonos diariamente, eligiendo dejar pasar ese pensamiento que dice que las cosas debieron ocurrir según nuestra manera de verlo. No es tan sencillo, porque nuestra necesidad de tener razón es gigante y hace que nos quedemos en el conflicto.

Elige ir aceptando poco a poco, en un ejercicio constante, y vas a ver resultados. Síguelo haciendo, aunque todavía te enojes en algún momento. La aceptación va a doblegar finalmente esa energía.

La acumulación de enojos que no puedes contener puede llevarte a la depresión, y la mejor forma de evitarlo es incluir progresivamente la aceptación en nuestra vida cotidiana.

# El compromiso no se decreta

*He estado en terapia por seis años y de verdad pensé que ya todo estaba resuelto, pero sigo teniendo problemas a nivel de parejas. Encuentro hombres que son buenas personas, pero los que quieren establecer un compromiso conmigo tienen un entorno muy conflictivo, y los que no son muy conflictivos no quieren compromiso. Por más que busco sigo topándome con personas no disponibles. Más que estar acompañada, anhelo arreglar lo que no está bien conmigo…, me siento muy cansada. ¿Qué puedes decirme?*

*Claudia*

Querida Claudia,

Si asumimos, como de hecho es, que las relaciones son nuestro espejo, tenemos que ponernos en alerta cuando en la superficie de ese espejo no vemos nuestro rostro, sino que nos obsesionamos contemplando la cara de otro u otros, sobre todo si esas imágenes nos generan conflicto y nos hacen perder la paz. Allí es cuando se hace más obvio que el problema no está en otras personas, y que debemos preguntarnos qué pasa con nosotros, o qué cosas se han despertado o movido en nuestro interior a partir de la presencia de ellas.

Por otro lado, la palabra «compromiso» puede significar muchas cosas, pero en cualquier caso es algo que se construye y se va fortaleciendo a lo largo de una relación y no algo que puedes establecer como un requisito previo. No puedo comprometerme con alguien que no conozco, y si tú no te animas a conocerlo, porque no quiere comprometerse, vas a seguir repitiendo esta búsqueda sin resultados. El compromiso no es un contrato que firmamos para iniciar la relación, como puede ocurrir en un trabajo o en otros ámbitos de la vida, sino, para usar la palabra correctamente, me comprometo a conocerte, a conocerme a mí a partir de lo que me pasa contigo, y de allí surgirá naturalmente el compromiso contigo y entre nosotros.

Por otra parte, tus expectativas sobre la llegada de alguien libre de conflictos son irreales y, por supuesto, impiden desde el principio que puedas construir un compromiso. ¿Quieres alguien sin problemas, sin historia, que baje de una nave espacial proveniente de un mundo libre de miedos?

En principio, lo que nos parece conflictivo en los otros no siempre lo es, ya que lo que estemos percibiendo como conflictivo puede ser aquello que no cumple con la idea que teníamos, con nuestra idea sobre cómo esperaba que fueras. Si tu carácter me molesta, es posible que no tengas un mal carácter, sino uno que no coincide con lo que esperaba.

Y, por otro lado, hay una etapa que se siente conflictiva en la relación porque estamos transitando espacios nuevos, algunos desconocidos, tanto de la experiencia de la persona como de la relación, por lo que podría decir que es sano recibir esos «conflictos» que nos ayudarán a irnos descubriendo entre nosotros.

Arriesgaría a decir que todo esto esconde un miedo muy grande a confiar, tanto en ti como en el otro. Y que la incomodidad de no tener una pareja te parece más llevadera que la incomodidad de abrirte a alguien. Pero, claro está, esto deberás revisarlo de acuerdo con lo que sientes con estas palabras. Si te movilizan, ya sabes por dónde comenzar: confiar en ti, que tienes mucho para compartir, y que cualquier dificultad en el camino valdrá la pena. Luego, entenderás que el compromiso real se da espontáneamente cuando te animas a recorrer esos primeros pasos, con todo el riesgo que tu personalidad pueda hacerte temer.

# Soltar al personaje

*Una vez comentaste que, cuando alguien se va, su ausencia pone al descubierto nuestros propios vacíos. Hago teatro y amo hacerlo, pero al final de cada proyecto, además de quedar extenuada, siempre me siento vacía. ¿Tiene que ver con lo vacía que estoy por dentro?*

*Maribel*

Querida Maribel,

¡Deberías felicitarte por eso! Cuando un actor hace un personaje deja de ser él mismo para transformarse en ese otro. Ese vacío del que hablas es muy sano porque el personaje no eres tú y debe partir. Terrible sería que fueras acumulando personajes o partes de ellos. De tu experiencia podemos sacar buenas lecciones, pues en la vida muchas veces nos vemos atrapados por personajes que nos hemos creado para esconder nuestros miedos, y se necesita mucho coraje para deshacernos de ellos, justamente porque creemos que quedaremos en un gran vacío. Al contrario, no hay peor vacío que el provocado por la pretensión de ser lo que no somos. Es un vacío que se siente a hueco. Sostener a esos personajes es tremendamente agotador, y finalmente nos produce una tristeza que debe servirnos como señal de alerta. Una buena tarea sería, periódicamente, sentarnos a observar el personaje que estamos interpretando para salirnos de él.

No necesitamos ser actores para lograrlo. El que se enoja, el que se entristece, el que explota…, todos los personajes que nos van atrapando. Y en esa quietud comenzaremos a sentir ese vacío que describes. Pero no tendrá la resonancia hueca del lugar deshabitado, sino la profundidad de la paz de estar con nosotros mismos, vacíos de personajes que han ido dejando lugar a quien nos habita.

# Ponerse en acción

*Tengo una mente que no para de parlotear y de decirme cosas muy sensatas. Constantemente me habla de lo importante que es valorarme y respetarme, pero a la hora de la verdad, al momento de actuar, parece que todo eso se me olvida. ¿Por qué somos así?*

*Miriam*

Querida Miriam,

Es cierto, la mente es como la describes. Cuando nos hemos instruido nos suele decir, o repetir, cosas muy sensatas. Pero si, a pesar de saber lo mejor, no tomamos acción puede que asome una manera de resistencia a dar un paso que tememos dar, a perder el control. ¿Qué sucedería si lo hicieras? Aunque racionalmente me dieras una lista de cosas maravillosas que sucederían, detrás de esa lista habría un riesgo tan grande… que mejor resulta analizar la mente y enfocarnos en ella, y no decidirte a ponerte en movimiento.

En el fondo, asoma la resistencia a tomar una decisión. Podemos hacer mil afirmaciones, pero la energía no se activa en el pensamiento: se activa en la acción. Darse cuenta de las cosas no es suficiente; es muy importante pero no suficiente. Te sugiero que observes atentamente esos aspectos de tu vida donde se manifiesta poca valoración hacia ti misma. Anota los pensamientos que surgen alrededor de esos aspectos, y cada vez que ellos aparezcan vas a decir: «¡Basta, no más!» Pregúntate, por ejemplo, qué cosas te has estado negando últimamente. ¿Quizás tiempo para ti? Comienza con fantasear con la acción, con anticipar el disfrute de ese tiempo que vas a darte, ese tiempo para cuidarte o quererte… y luego toma la decisión, avanza, da el primer paso, aunque sea pequeño, poniendo en pausa esos pensamientos de miedo o culpa que siempre surgirán para tratar de mantenerte en la inacción.

La resistencia a tomar acción es natural para los seres humanos, no hay mayor novedad en eso, a todos, más o menos, nos pasa. Pero lo que no es natural es quedarnos encerrados en el análisis para ocupar nuestra energía en eso y no dar, al menos, el primer paso.

Haz el hábito de escucharte, pero ya no para analizarte, sino para descargar la mente y luego, inmediatamente, tomar acción. La que puedas, la que esté a tu alcance, pero ese movimiento bajará la energía de la mente al cuerpo y la convertirá en sensaciones que te irán motivando a seguir en acción.

Hacer lo que sabes que te hace bien y estás postergando será el acto de amor propio que te hará sentir la valoración que tu mente tiene encerrada entre sus paredes.

# La llegada de un maestro

*Soy madre de tres hijos. El tercero de ellos nació bien, pero con el tiempo desarrolló una enfermedad degenerativa a nivel cerebral. Pienso que él es especial y que Dios nos eligió por ser especiales de alguna manera. Mi pregunta es: ¿Por qué llegan a nuestras vidas?*

*Clara*

Querida Clara,

Una mamá que conocí en una situación similar me dijo que la enfermedad de su hijo había sido por supuesto dolorosa, angustiante, pero que al final, en pocas palabras, la enfermedad la había conectado con la vida de una manera que nunca hubiese experimentado en circunstancias ordinarias y que así había encontrado lo que consideraba la felicidad.

Cuando viene alguien con alguna capacidad diferente o alguna enfermedad, su impacto sobre todo el entorno familiar termina siendo muy positivo. Es así porque su presencia viene a desafiar todos los egos y a reacomodar las prioridades, y a menudo nos obliga a hacer un trabajo interior que traemos pendiente, personalmente o como grupo familiar. Por eso es frecuente escuchar que estas personas que vienen a nuestra vida supuestamente como un problema son, en realidad, un gran regalo de la vida.

# Los dones y el miedo

*Tengo 24 años y me gradué en administración de empresas a los 21. Desde pequeña tuve contacto con la música; toco viola y me encanta. Pero por mis miedos no tomé la decisión de estudiarla; no me creía lo suficientemente buena. Terminé la carrera de administración con éxito, aunque siempre sentí que me faltaba algo y que estaba en el lugar equivocado porque la música es lo que siempre me hizo sentir viva. Ahora, gracias a la ayuda de mis maravillosos padres, que vieron mi frustración, decidí estudiar música formalmente en la universidad. Ya llevo dos años; las cosas no han sido fáciles y me siento culpable con mis padres por hacerles pagarme otra carrera. Quisiera trabajar, pero el nivel académico es exigente. Si me descuido podría perder alguna materia. Y además está la incertidumbre de la carrera musical. Es sumamente difícil, cada vez se presentan más obstáculos, y no sé si debería rendirme.*

*Antonia*

Querida Antonia,

Lo que planteas es una constante en tantas personas que sienten que aquello que están llamados a hacer no lo pueden concretar porque hay uno o muchos obstáculos externos. El problema de partida es que creemos más en cualquiera que en nosotros mismos; creemos en lo que nos dicen, y eso que nos dicen llega un momento que empezamos a repetirlo como si fueran ideas propias. En ti, o al menos en una parte de ti, veo una persona que sabe lo que quiere, pero hay otra parte que solo atiende a los miedos y opiniones de otros. La culpa que dices sentir porque tus padres te han apoyado creo que es una forma de elegir distraerte y no acercarte a tu grandeza. Y esa grandeza de la que hablo no es hacer cosas grandiosas, no son los grandes éxitos o la fama, sino simplemente poder expresar en tu carrera tu talento y brillar con él.

Estás en una edad de definiciones, la etapa de la vida en donde uno empieza a identificar lo que es propio y lo que es de los demás. Mientras estás en ese proceso, no dejes de hacer las cosas que sientes, de disfrutar de tus dones, aunque sea con miedo, aunque no te salga bien todo, aunque te critiques o te critiquen, pero hazlo porque el ejercicio de nuestros dones es la mejor herramienta contra el miedo. ¡No te rindas!

# Adolescencia espiritual

*Hace algún tiempo comenzó mi despertar espiritual. Fue un proceso hermoso, con una obsesión muy intensa de investigar y descubrir. Mientras más me informaba, más milagros ocurrían en mi vida. Pero pasó algo conmigo. Hace como dos años empecé a no sentir esa hambre de conocer, sentí como si el encanto se perdía. Poco a poco me fue ganando la apatía, nada me motiva, y aquella alegría se ha convertido en tristeza. No sé qué hacer.*

*Eleonora*

Querida Eleonora,

A veces, cuando comenzamos el camino espiritual, el ego también inicia su trabajo con energías redobladas. Siempre va a crear una versión alternativa para todo lo que el alma te muestra. Por ejemplo, si el alma te habla del amor en su sentido más profundo, el ego tratará de reducirlo a las relaciones románticas; si el alma te muestra la abundancia, el ego querrá que enfoques tu atención en lo material. Incluso esa magia y esa intensidad de la que hablas respecto a los primeros tiempos puede ser un típico patrón de esos recursos que utiliza el ego para distraerte del verdadero camino espiritual, que requiere sosiego, permanencia, disciplina más allá de un simple furor. Nos volvemos obsesivos y el alma nunca es obsesiva, la personalidad lo es.

El camino espiritual se recorre cuando estamos en paz y cuando podemos dar amor. Es como el noviazgo y el matrimonio. Con el furor del noviazgo no podemos construir a largo plazo lo que realmente es una relación de pareja. El encantamiento está muy bien para el inicio, pero la realidad de la convivencia, donde nos enfrentamos a la verdad del otro y de nosotros mismos, es lo realmente importante. El camino espiritual es lo mismo: en algún momento tenemos que dejar de ser novios, dejar atrás esa especie de adolescencia para entrar en la madurez.

Te recomiendo que no hagas nada, que no sigas empujando ese carro tan pesado. Simplemente dale un chance a tu alma, haz silencio, confía en ella, sé humilde y escucha lo que ella te irá mostrando.

Deja de hacer tanto para que puedas comenzar a sentir eso que tanta práctica te llevó a comprender, pero no lograste vivirlo, sentirlo. El camino interno tiene mucho más de silencio y calma que de lecturas y metodologías. Pero, esto sí: con conciencia, que es el regalo que esta experiencia te está dejando. Es más fácil ver lo que es después de darnos cuenta de lo que no es.

# Desarmar las expectativas

*¿Cómo romper el patrón mental de las expectativas? ¿Algún ejercicio para aceptar ciertas cosas y personas tal cual son?*

*Bárbara*

Querida Bárbara,

Las expectativas siempre van a estar allí. La mente es creativa, tiene muchas ideas y quiere ver esas ideas reflejadas en el mundo. Pero ocurre que casi nunca lo que sucede coincide con mis expectativas, y entonces parecemos condenados a sufrir. ¿Qué hacemos entonces? ¿No tener expectativas? Imposible… El asunto es empezar por reconocer que siempre las vamos a tener, pues aún no estamos tan avanzados como para no tenerlas. No sufrimos porque tenemos expectativas, sino porque empujamos y hacemos lo imposible para que el mundo las cumpla, y surge entonces la terrible tentación de la manipulación, que siempre es un juego doloroso. Y cuando digo reconocer las expectativas estoy diciendo reconocer que son lo que son: una creación mental, un deseo inspirado por el afán de control de mi mente, y no una verdad absoluta, sobre lo que es mejor para mí y para al mundo. Desde ese reconocimiento, no me puedo otorgar el derecho a querer obligar al mundo o al destino a que cumpla mis órdenes.

En segundo lugar, debemos empezar por agradecer lo que hay. Una expectativa es una ilusión que ocupa el espacio del agradecimiento. Cuando la mente la ocupamos en reconocer lo que hay y el corazón en agradecerlo, no queda espacio para que la mente encuentre lugar para sus historias.

Te aseguro que estas dos estrategias simples son capaces de ir quitándole fuerzas a toda esa fantasía a la que llamamos expectativas, que son solo eso: ideas pretenciosas que creen saber la verdad.

# Dios es una experiencia

*Desde pequeña fui criada como católica y ahora, después de todo un despertar espiritual, no tengo claro quién en realidad es Dios.*

*Miguelina*

Querida Miguelina,

Lo religioso nos puede abrir caminos, nos puede ofrecer un formato que haga más fácil nuestra búsqueda espiritual. Cuando así ocurre, esa dimensión religiosa se manifiesta en nuestra experiencia de paz y sobre todo en nuestra capacidad de amar. Dicho esto, vamos a la pregunta que hacías: ¿quién es Dios? El error en principio es tratar de definirlo como un «alguien» desde los parámetros de lo humano. Dios es ante todo una experiencia, una experiencia de totalidad, es decir, algo muy distinto de una individualidad, de un «alguien».

Entonces, la pregunta fundamental que me debo hacer es si siento la presencia de Dios en mí. ¿Cómo puedo sentirlo? Básicamente a través de dos sensaciones que siempre relaciono con esa presencia, la de estar en paz y la del gozo que me produce el amar. La presencia más cercana de Dios se manifiesta cuando amo, cuando de verdad amo, cuando opto por la elección más elevada en vez de quedarme con el miedo. Si elijo amar, estoy experimentando a Dios.

Si algo más tiene que ser particularmente revelado, ocurrirá. Pero no trates de encuadrar en tu mente una experiencia que no cabe en ningún espacio, porque es superior a lo que podamos comprender. Aun la teoría más cercana te acerca a una idea, pero Dios es una experiencia mayor que lo que una idea pueda encerrar.

# Ahorrar…, ¿para qué?

*Soy una persona muy ahorrativa y siento que a veces no me comprenden. Sobre todo, mi novia, que le cuesta aceptar que todavía no tenemos los recursos para dar el paso de casarnos. No quiero un matrimonio lleno de necesidades, y creo que hay que esperar el tiempo necesario para que podamos garantizar ciertas cosas básicas, y para eso toca hacer muchos sacrificios en el presente. ¿Te parece que me equivoco?*

*Manuel*

Querido Manuel,

Nadie podría decir que el ahorro, en sí, tenga algo de malo. Lo que sí puede hacer una diferencia es la intención de ese ahorro; es decir, cuál es la verdadera energía que te impulsa a ahorrar. Ese es el problema con ciertas conductas que socialmente son tenidas como virtudes absolutas: que a veces son la treta perfecta de nuestra mente para enmascarar e incluso alimentar los aspectos más oscuros, los peores miedos, los peores sentimientos de culpa, el desamor o la desconfianza en nuestras propias posibilidades. La intención, insisto, es la clave. Acumular una determinada cantidad de dinero para dar cierto sustento a tu proyecto de pareja puede estar muy bien, pero pon atención si esa acumulación te impide experimentar y disfrutar lo que esa relación es hoy y, sobre todo, pregúntate si no estás confiando a ese dinero una función que, en realidad, nunca podrá cumplir: darte seguridad sobre lo que ocurrirá en el futuro. Acéptalo, el futuro es incierto. Tú, con o sin dinero, tendrás que lidiar con él. Vendrá lleno de sorpresas, de desafíos que superarás ante todo con tu fortaleza interna. Si no purificas y aclaras tu relación con el dinero, a la hora de las dificultades, en vez de un recurso, como debe ser, se convertirá en tu enemigo, porque al gastarlo te sentirás en falta y desprotegido. Indaga, ante todo en tu intención. Y, por cierto, este puede ser un buen tema de conversación con tu novia. Las finanzas suele ser un tema secundario en muchas relaciones ya consolidadas, y solo se pone sobre la mesa ante un problema. Aprovecha esto que estás viviendo para, usando la excusa del dinero, hablar de ustedes.

# El valor de bendecir

*En mi país era costumbre pedir y dar «la bendición». Se la pedía a mis padres, abuelos y hasta los tíos. Es algo que siempre hice de forma automática, sin darle mayor importancia, pero al leer lo que tú y otras personas dicen sobre la importancia de bendecir, me pregunto si no es una costumbre que deberíamos mantener y transmitir a nuestros hijos. ¿Estás de acuerdo?*

*Cecilia*

Querida Cecilia,

Por supuesto, es una hermosa costumbre, y creo que esconde mucha sabiduría. Bendecir es una gran expresión de amor, pues con ella trascendemos nuestro egoísmo. Todos deberíamos convertir la bendición en una práctica constante, y dirigirla no solo a nuestros seres más cercanos, sino a todos los que se cruzan en nuestro camino y en la vida en general. Cuando bendecimos con total generosidad, estamos proyectando una visión siempre mejorada de lo que tenemos enfrente: proyectamos prosperidad sobre el que sufre carencias, salud sobre el que padece enfermedades, alegría sobre quien está triste. Desafiamos nuestros discursos internos, la mayoría llenos de miedo, para ofrecer una mirada más sublime a la otra persona. Esto no solo ofrece una actitud abundante y generosa al otro, sino que también la recibimos nosotros. La bendición, como si se reflejara sobre un espejo, vuelve a nosotros para elevarnos, para mostrarnos algo más de nosotros mismos. Es decir, exactamente lo contrario de lo que ocurre cuando alguien maldice. Bendecir es decir «bien» algo a alguien. Es valorar nuestra capacidad para reconocer lo que sentimos como bueno, más allá de lo que nuestros cinco sentidos están percibiendo.

Bendecir no implica un esfuerzo, todo intento forzado nos alejaría de la pureza de una bendición. Debe ocurrir espontáneamente, fruto de nuestro trabajo interno. Cuando surge naturalmente la intención de bendecir, es la consagración de que eso que ya conocemos de nosotros ahora lo estamos viendo en los demás. Incluso, cuando la persona que bendecimos no es consciente de la bendición que estamos viendo en ella. A veces, al bendecir al otro le estamos dando la luz para que, luego, él mismo pueda ver lo que sus temores no le permitieron descubrir.

# Los mensajes del dolor

*Cuando hay un dolor profundo, ¿qué debemos hacer?: ¿Evadir-*
*nos, distraernos, hacernos los locos, o llorar hasta que no queden*
*lágrimas?*

*Raquel*

Querida Raquel,

Creo que nunca hay que evadir nada; en todo caso, si algo no nos
gusta, lo miramos de frente y le decimos «no, gracias», pero no le
damos vuelta a la cara ni lo ignoramos.

No sé si te ha pasado, pero las personas que tratamos de evitar
y no se lo decimos parece que fueran las que más nos persiguen. El
dolor tiene mala fama, por razones obvias, pero es como un día de
lluvia, que puede ser difícil y oscuro, pero termina siendo bueno y
necesario para la vida en la tierra. El dolor siempre trae buenos
mensajes, lo que pasa es que no es cómodo. Generalmente viene a
revelarnos algo que no podíamos o no queríamos ver. Nos llama la
atención para obligarnos a detenernos, a abrir los ojos y ver eso que
no podemos o no queremos ver, soltar o hacer. Algo a lo que nos
estábamos resistiendo.

¿Qué hacer? Primero, recibirlo. Si lo dejamos pasar, el dolor
vuelve, porque es como el cartero. Vino a traer una carta y si no se
la recibiste regresará. Cuando le prestamos atención y entendemos

que viene a traernos algo positivo, lo atendemos y cuando lo atendemos hace lo mismo que el cartero cuando entregó su carta: ¡se va!

Llorar por llorar no tiene ningún sentido. El llanto en sí mismo no tiene un valor más que físico. Preguntémonos qué nos pasa en realidad, a qué nos estamos resistiendo con ese dolor, qué es lo que nos negamos a aceptar... ¿Qué me pasa? Y no nos quedemos en la primera respuesta, que casi nunca es real. Si la razón es que alguien ya no está a nuestro lado, por ejemplo, no nos quedemos en justificar ese dolor con el otro o las circunstancias. Descubramos nuestras necesidades reales, las carencias, las ilusiones que aparecen incumplidas; todo aquello que la ausencia del otro ha removido en mi interior.

Al final, descubriremos que el dolor estaba sostenido en una historia que nos estábamos contando y no justamente en lo sucedido. Y que darnos cuenta de esa historia es el primer paso para aliviarnos. Luego, aceptar lo que ocurre, qué no coincide con esa historia, es lo segundo, y quizás lo que nos tome más tiempo. No porque requiera tiempo en sí mismo, sino porque nosotros necesitamos un tiempo para desbaratar las ilusiones. Pero irán perdiendo fuerzas. Y mientras caen, veremos que asoman nuevas posibilidades, otros caminos, y la alegría de lo nuevo. Este será el momento en que podremos no solo agradecer lo sucedido, sino quedarnos con la lección más importante: el dolor solo esconde una mentira, un punto de vista que no es mío, que al defenderlo caigo en su trampa. Pero cuando lo recibo y tomo su mensaje, me abre las puertas a lo que sigue. Por esto es que cuando llega el dolor a mi vida no me escapo, pero tampoco me demoro en recibir su mensaje y seguir andando.

# El mensaje oculto en lo que dicen de mí

*Hace unos días tuve unas ciertas diferencias con una compañera de trabajo que aprecio mucho y a la que considero mi amiga, una persona en quien confiar. Sé que habla a mis espaldas y estoy dolida por eso. Todo el ambiente de trabajo es muy denso, de mucha falsedad, y a veces me siento excluida. No sé qué hacer.*

*Marisel*

Querida Marisel,

Lo que otro dice de mí, cuando va así cargado de críticas o rencores, habla más del otro que de nosotros mismos, así como el que maldice automáticamente se maldice a sí mismo. Sin embargo, en esas cosas que dicen de mí puedo encontrar grandes pistas sobre mi vida interior. Hay tres cosas que puedo ver en tu relato sobre tu amiga: indiferencia, falta de valor e injusticia.

Esas mismas cosas pueden formar parte de una lista de trabajo para ti. Si tú te valoras y sabes quién eres, ¿qué puede importarte que otra persona te desvalorice injustamente? Igual ocurre con la indiferencia que sientes por su parte o de todos en tu trabajo. Quizás la tarea es ser tú menos indiferente contigo; ver si hace mucho que no te escuchas, que no te detienes a saber lo que estás sintiendo y lo que verdaderamente necesitas. Si estás en contacto contigo, podrás ver a esta persona de manera más amorosa y comprensiva. Todo ese descuido hacia ti misma es, a su vez, un gran acto de injusticia peor que la que puedes estar sufriendo en tu ambiente laboral. Sé, pues, más justa y amorosa contigo misma y verás cómo cambian tu perspectiva y tus sensaciones frente a ese entorno que hoy resulta tan hostil.

# Ocuparse y preocuparse

*Estoy un poco cansada de que me acusen de nerviosa, de angustiada, porque, la verdad, nunca me faltan las preocupaciones. Preocupaciones que tienen que ver con el dinero, con la estabilidad de mi trabajo, con las salidas de fiesta de mi hija, etc. No es que me guste ser así, pero qué puedo hacer si siempre vivimos con tantos problemas, con tantos riesgos. ¿Tú dirías que exagero o simplemente es lo que hace una persona responsable?*

*Ana*

Querida Ana,

Existen, por supuesto, los problemas y los riesgos, pero, como bien dicen, más vale ocuparse que preocuparse. Lo que llamamos preocupaciones pueden ser dos cosas muy diferentes. Una es prepararse para la acción, poner sobre la mesa los hechos concretos y evaluar con qué recursos contamos para afrontarlos, buscar buenos consejos, escuchar lo que nuestra propia intuición nos dice. Otra muy distinta es caer en la trampa de tratar de controlar todos los aspectos de la vida, que por definición siempre viene cargada de incertidumbre. Es un juego siempre frustrante y desgastador para tu alma, pero, al mismo tiempo, produce satisfacciones a tu mente. Una satisfacción pasajera, parecida a la que produce una droga. Tu droga es, precisamente, la preocupación. Y tu mente nunca estará satisfecha; siempre querrá más y más. No es un asunto agradable, y por eso la mente siempre buscará argumentos para justificarse. Nos hablará, por ejemplo, y como tú misma dices, de responsabilidad, es decir que te acusará de ser mala esposa o madre si no te mantienes en su juego. Ser responsable es mucho más que preocuparse constantemente. Es hacer lo que está a tu alcance para proteger a tu familia, pero también lo es, por ejemplo, aceptar los riesgos de vivir y permitir que tus hijos los enfrenten y se hagan a su vez responsables de su vida.

Ocúpate de lo que puedas, de ellos y de ti. Si haces lo que puedes podrás hacer mucho, no todo, pero será suficiente. Y, sobre todo, podrás disfrutarlo. Quizás ese sea el mayor problema inadvertido: hacer tanto sin poder disfrutar de lo que haces.

# No te dejes arrastrar

*He tenido una gran amiga desde la infancia. Lo seguimos siendo ahora que ambas estamos casadas y casi llegando a los 40 años de edad. Sin embargo, en los últimos tiempos siento que me he convertido en su «paño de lágrimas». La relación ahora se reduce a escucharle constantemente sus muchos problemas. Me esfuerzo por ayudarla pero, en verdad, ya no disfruto tanto su compañía, e incluso me llega a deprimir.*

*Elsa*

Querida Elsa,

Me gusta ese dicho según el cual «es de sabios compartir, pero de necios mezclarse». Hay una delgada línea entre ser solidario y dejarnos arrastrar por el drama, con lo cual generalmente dejamos de ser una ayuda y en lugar de una víctima, ahora hay dos. Ocurre, por ejemplo, que por ayudar al que está triste nos contagiamos de la tristeza y acabamos alimentándola. Hay que saber cuándo alguien que sufre no desea en realidad aliviar su dolor sino fortalecer su percepción de que es una víctima, es decir, que intenta nutrir su dolor a través de los demás. No es difícil notarlo: se evidencia cuando todo mensaje positivo o toda perspectiva distinta sobre su realidad es rechazada con argumentos que vienen a reforzar su posición de víctima.

Puedes escuchar y acompañar a la persona que lo necesita con apertura y serenidad, pero evitando involucrar tus emociones. Cuando sientas algún malestar o comiences a sentir lo mismo que ella siente, vuelve la atención a ti, respira y recuerda tu decisión de ayudarle sin dejarte arrastrar.

Que poder estar con ella no implique dejar de estar contigo. Esto, además de hacerte bien a ti, le hará bien a ella. Porque alguien que está inmerso en negatividad necesita que alguien en su entorno deje de creer en sus historias. Sé amable, afectuosa, pero clara en el momento que debas tomar espacio para ti. Hay «no» que son positivos cuando se usan para el respeto mutuo.

# Más allá de la autoestima

*Tengo 42 años y aún vivo en la casa de mis padres. He pasado por una gran cantidad de empleos y en ninguno me han pagado bien. He buscado ser independiente, pero por alguna razón no lo consigo. ¿Por qué, a pesar de ser un buen empleado, no logro tener solvencia económica y siempre encuentro empleos que no me valoran?*

*Ángel*

Querido Ángel,

Obviamente, estoy seguro de que no existe una conspiración contra ti. Si no te valoran, se revela una falta de valoración hacia ti mismo. Cuando uno no se valora, cualquier esfuerzo por obtenerlo de otros se vuelve agotador e inútil. Incluso cuando lo recibimos, no nos es suficiente. Sin ese valor nos convertimos en nuestros peores enemigos. La autoestima es una base, pero la valoración personal es algo más profundo y amplio. Nos valoramos cuando dejamos de desear convertirnos en algo que esencialmente no somos. La autoestima suele referirse a resaltar aquello que nos parece bueno en nosotros. La valoración, en cambio, implica aceptarnos sin juicios, reconociendo lo que se puede cambiar y aceptando y haciendo el mejor uso de lo que no, sabiendo que puedo hacer ajustes, pero abrazándonos a nosotros mismos, sin pensar que sufrimos un «defecto de fábrica».

La valoración consiste en darnos cuenta de que somos suficientes por ser quienes somos. Suficientes, no para resignarnos y quedarnos con los brazos cruzados, sino para desarrollar todos nuestros talentos y capacidades, para amar y ser amados, para vivir en abundancia. Verás que cuando avances en ese proceso de aceptación de ti mismo ya no tendrás que empujar puertas y forzar ventanas. Ellas se abrirán para ti en cada momento oportuno.

Las respuestas amorosas son solo el efecto de antes habernos mirado y haber cesado la guerra interna con aquello que no aprobamos de nosotros.

A medida que vayas tomando conciencia de esto que reflexiono contigo, irás asumiendo compromisos donde puedas ejercer ese valor. Al leerte, veo que vivir con tus padres tiene un significado de retraso, de demora. Quizás ese puede ser el primer paso de tu plan. Crear tu espacio, un lugar donde todo te represente y hable del valor que tienes por ti mismo. Esa será tu primera evidencia de que tu poder ha comenzado a despertar.

# Divorciarse de lo que no somos

*Soy mexicana y vivo en Canadá desde hace cuatro años. Ha sido un cambio fuerte a nivel personal, porque me ha tocado enfrentarme a mi más grande temor, el rechazo de los demás, lo que me afecta mucho con el aprendizaje del idioma. En mis primeros meses aquí, decía que no sabía hablarlo por miedo al ridículo, aunque en realidad mi inglés nunca ha sido tan malo. Empecé en un nuevo trabajo y mi jefe quiere ofrecerme una mejor posición. Es canadiense y habla maravillas de mí, pero yo sigo sin creérmelo, casi no interactúo con mis compañeros porque temo no entender lo que me dicen. He estado trabajando en mi autoestima y me siento mejor conmigo misma, pero me cuesta mucho creer que soy buena en lo que hago o que mi inglés es lo suficientemente bueno.*

*Carmen*

Querida Carmen,

Tu miedo no es al ridículo; tu miedo, o más bien el miedo de tu ego, es a brillar. Se trata de un primo hermano de ese otro gran miedo que tanto daño hace a las personas: el miedo al amor. Los problemas con el idioma no son más que uno de los muchos recursos que tu personalidad despliega para llenar de obstáculos tu camino hacia eso que sabes que te mereces, para evitar que abraces tu propia grandeza.

Tienes por delante el desafío de empezar a encontrarte contigo misma y, sobre todo, de averiguar lo que realmente quieres y quién realmente eres.

Te propongo una especie de divorcio... ¡Divórciate de la persona que no eres! Porque hay una versión de ti que te tiene acorralada en el miedo, que no ve lo bueno del presente y te habla constantemente de lo que puede salir mal, de lo que supuestamente no serás capaz de hacer. Y recuerda que, como en todo divorcio, ella volverá a tocarte a la puerta, a pedirte perdón, a buscar la reconciliación. Siempre te hablará en futuro, porque en el futuro es donde están sus argumentos, es decir, en el terreno de lo que puede pasar si no le haces caso. Entonces le vas a decir: «No, gracias, ya sé quién soy». Verás cómo más pronto que tarde se irá para no volver.

# Enredados en las redes

*Me siento angustiada por todo el espacio que la tecnología está ocupando en mi vida y en la de mi familia. En lo personal creo que me he obsesionado con las redes sociales; paso demasiadas horas pegada a la pantalla, y así me siento sin autoridad moral para ponerles límites a mis hijos en este asunto. Quisiera controlarme, pero se me vuelve cada vez más difícil. ¿Qué piensas al respecto?*

*Marina*

Querida Marina,

En toda obsesión se esconde un mensaje, y ese mensaje generalmente tiene que ver con una búsqueda de la paz. A simple vista lucen absurdas, ya se trate de la obsesión por el trabajo, por la limpieza, etc. Sentimos que son conductas excesivas, contraproducentes, que se escapan de nuestras manos, y sin embargo seguimos instalados en ellas. ¿Por qué? ¿Qué buscamos realmente, por ejemplo, cuando hacemos *scroll* durante largo tiempo en el muro de una red social? A veces es como cuando cambiamos una y otra vez de canal con el control de la TV sin llegar nunca a pararnos en ninguno, o como cuando abrimos el refrigerador sin saber para qué y nos quedamos pasando tiempo con la puerta abierta. Creo que en esas conductas aparentemente absurdas nos está moviendo el impulso y la necesidad de encontrar respuestas importantes para nuestra vida. Y, obviamente, no las encontramos porque estamos buscando en el lugar equivocado, tratando de encontrar afuera lo que está adentro.

Las redes sociales, en particular, son un espacio que nos puede alejar muy poderosamente de esas respuestas, porque se han vuelto un gran escenario donde colocamos versiones idealizadas de nosotros mismos. Invertimos enormes cantidades de energía para proyectar allí una máscara que oculta miedos e inseguridades.

Más que reprimir tu obsesión, luchando contra la conducta en sí, lo importante es aprovechar esos momento para hacerlos más conscientes y poder descifrar lo que realmente buscas. Pregúntate: «¿qué necesito en este momento?» Está claro que algo estamos buscando, pero como es interno, pasamos páginas y páginas porque allí no lo vamos a encontrar. ¿Qué necesito en este momento? Y, claro está, la respuesta no está orientada a las redes sociales, sino a ti. ¿Qué necesito?

A veces descubrirás que estás escapando de pensar algo en particular; otras, que simplemente estás tratando de elaborar una emoción, como la ansiedad, y crees que tomar el teléfono puede calmarte. Como ves, hay muchas razones para irse a las redes sociales; pocas son, de verdad, mirarlas con interés de encontrar algo allí.

Logrando ordenarte tú, no solo podrás inspirar a tu familia a hacerlo diferente, sino que podrás comprender mejor a otros que pasan demasiado tiempo usándolas.

# ¿Por qué postergamos?

*He llegado a una edad en la que ya no tengo las obligaciones que antes me impedían tomar ciertas decisiones. Por ejemplo, ahora que tengo tiempo y que el dinero no es una preocupación, quisiera retomar mi afición a la pintura y la escultura y trabajar en serio en eso. Pero el caso es que van pasando los días, y hasta los años, y no acabo de hacerlo. Creo que le tengo miedo a algo y no sé a qué.*

*Liliana*

Querida Liliana,

Muchos hablan ahora de «procrastinar», un nombre para algo tan antiguo como la humanidad: aplazar constantemente cosas que debemos, necesitamos e incluso deseamos hacer. Es, al fin y al cabo, cómo nuestra mente trabaja arduamente para alejarnos de nuestro destino, incluso de cosas que anhelamos desde el corazón. Esto ocurre por muchas razones, pero todas tienen en común la imposibilidad de enfocarnos en la realidad presente. El futuro nos domina con su carga de amenazas y dudas: «¿Podré hacerlo?», «¿Sufriré si fracaso?», «¿Defraudaré a los demás y a mí mismo? Entonces nos decimos: «Sí, lo haré, pero más adelante…»

Muchos asocian esto con la pereza, y no es así. En el fondo es mucho más cansador postergar que actuar. Sobre todo porque, cuando lo hacemos, inmediatamente se inicia un proceso culposo, de reproche a nosotros mismos, que es agotador.

Debes romper ese círculo dando un primer paso, aunque sea pequeño. Con la simpleza del primer paso se rompe ese hechizo paralizante porque mientras tu mente seguirá repitiendo sus historias, ya no serán creíbles, porque lo estás haciendo. Por otro lado, la satisfacción de tomar el pincel y ponerlo en la tela producirá un estado emocional que irá dejando afuera todo lo que los miedos te hacían sentir. Es el hacer, no el pensar, lo que nos transforma.

En tu pregunta haces referencia a miedos, y no dudo que si han pasado años debe haber colecciones de ellos. Pero analizarlos no te lleva más que a tener fundamentos por los que te demoras, pero no romperás la inacción. La voluntad no llega desde la claridad del análisis, sino desde tu interés honesto en tomar acción. Luego, cuando mires hacia atrás, podrás darle un nombre a esos miedos, pero serán parte de lo vivido, en tu pasado, y te servirán para entenderte mejor. Pero este es el momento de dar el primer paso, de disfrutarlo y dejar que, espontáneamente, llegue el segundo, y el tercero…, hasta que tu marcha esté en control de tu alma, y ya no desde tu personalidad.

# ¿Patito feo?

*De niña yo me sentía poco bonita, tenía un diente delantero roto, y de adolescente tenía mucho acné. En ese entonces mi hermano de 16 años abusó de mí. Después de varios años de terapia creo que he avanzado mucho, aunque todavía no lo he perdonado del todo. Vamos reconstruyendo nuestra nueva relación poco a poco. Hoy en día, a mis 28 años, sé que soy una mujer graciosa, lista, pero, aunque me veo en el espejo y veo una mujer guapa, no me lo creo. Llevo seis años sin novio; el último terminó conmigo después que le dije que me estaba enamorando, diciéndome que él quería estar solo, que no sabía cómo estar con otros, pues era huérfano de madre desde los 11 años y no deseaba un compromiso. Mi pregunta es: ¿cómo logro soltar el complejo de patito feo y mi miedo al amor, a salir de nuevo herida?*

*Yelitza*

Querida Yelitza,

En realidad, no le tienes miedo a la energía del amor, pues el amor no es amenazante. En lo que relatas tampoco está, en realidad, ese complejo del patito feo. Ese es un recurso que estás usando para evadir tu verdad. Cuando nos enamoramos de personas no disponibles sabemos bien lo que estamos haciendo. Si la persona de la que me estoy enamorando tiene aún la herida por ser huérfano de madre, como cuentas, le estoy pidiendo que me dé comida al que todavía tiene hambre. Lo hago sabiendo, en el fondo de mí, que el final será un fracaso, y así voy a justificar que el problema no es mío; el problema son los hombres, el complejo del patito feo, la gordura, etcétera.

La verdadera pregunta es cómo volver a confiar en el amor. Anímate a hacerlo; decídelo.

No te digo que busques un hombre o una relación; digo que empieces poco a poco a establecer relaciones distintas en cualquier nivel. Que te permitas, por ejemplo, tener conversaciones más profundas con tus amigas, bajando las barreras y dejándote sentir. Sentir todo lo que te llegue, desde el enojo, las frustraciones o el miedo a expresar algo por sentirte expuesta. Y cuando sientas esto, no lo disfraces, no escapes ni busques justificarlo en lo que ellas dicen o hacen en ese momento, sino asumiendo lo que sientes como un aviso de que estás moviendo esa energía que por tantos años te ha habitado pero que estás dispuesta a dejarla ir. Reconoce la emoción, respírala y pide claridad para animarte a seguir confiando. Te sentirás vulnerable, pero también más libre y poderosa.

A veces pensamos que la energía del amor se limita a las relaciones de pareja. ¡No! Se practica a cada paso. ¡Cuánto amor podemos recibir en el encuentro con una persona desconocida! A medida en que vayas animándote a vivir el amor de manera auténtica, en cada encuentro, eventualmente encontrarás una mirada que te enamorará y se enamorará de la tuya, porque podrán mirarse, pero mirarse de verdad.

# La meta eres tú

*Me considero un hombre ambicioso. Soy joven y siento que merezco alcanzar cosas muy buenas en todos los sentidos: en mi relación de pareja, en mi economía, en mi calidad de vida. ¿Hay algo malo en eso? A veces temo que tener tantas expectativas me acabe convirtiendo en un frustrado, en alguien infeliz.*

*Anselmo*

Querido Anselmo,

Las ambiciones en sí no tienen nada de malo; hay un interés genuino de evolución que en términos humanos solemos traducirlo a experiencias a vivir o bienes a tener. Lo importante es darnos cuenta del propósito de eso que buscamos, para estar más atentos a esa meta, que es interna, y así, por un lado, seremos más flexibles en el logro material de esa meta, y por el otro, no caeremos en la trampa de creer que el resultado final estará determinado por lo material.

¿Para qué quiero hacer eso que tengo en mente?

Por ejemplo, mi interés al escribir libros es poder compartir con otros una manera personal de ver el mundo y vivir la espiritualidad. Escribir un libro es una tarea que implica elementos del mundo físico, desde un espacio y tiempo a recursos. Editarlo, relaciones con editoriales y trabajo de difusión. Todo eso tiene un punto de partida: mi ambición es ese impulso que me lleva a hacerlo, desafiando aun los pensamientos que puedan detenerme. La ambición, cuando viene de lo interno y representa nuestra verdad, es un viento constante y persistente, que va moviendo incluso lo que parece más difícil. Si no asumiera mi ambición, quizás la idea de escribir se quedaría en frustración.

Pero hay otro costado de la ambición, que llega desde la personalidad motivada, generalmente, por nuestros miedos, de lograr la meta pensando solo en el resultado externo. Si no es determinada editorial, si no vendes determinada cantidad de copias, si no se traduce a tantos idiomas, si no obtiene los mejores comentarios de los críticos…, y así va creciendo desmedidamente un logro que parece nunca cumplirse completamente. Esta ambición es la que nos quita vida.

Anota todos los logros que esperas tener en tu vida laboral, de relaciones, económica y en todos los sentidos que tengas en mente. Pero antes de salir a cumplirlos, revisa para qué quieres lo que quieres. Reconociendo el propósito de lo que harás, no caerás esclavo de ese logro cuando lo hayas cumplido, sino que podrás recibir lo externo y lo material como una manera de proyectarte a ti en todos esos ámbitos. Porque la meta, en definitiva, eres tú.

# Palabras de cierre

Este libro termina aquí, donde comienza la experiencia de lo aprendido. La tarea no es solo comprenderlo, sino vivirlo. Caminando cada año la mayoría de los países que hablan español, todavía veo el contacto con nosotros mismos como una tarea pendiente. Y esto no es un problema en sí mismo, sino las consencuencias de vivir inconscientes de ese contacto interno, es decir, demandando al mundo que nos dé sentido a la vida, buscando en otros nuestra aprobación, poniendo en lo material el peso de nuestra presencia, y quizás la que más nos costará asumir cuando nos demos cuenta: no viviendo nuestro destino, sino en una caminata por los años sin estar conectados con nuestro propósito.

Sé que esto ya está cambiando, y por eso sumo mi parte a este despertar.

Sigo conmigo, para poder seguir acompañándolos cuando así lo sientan.

Julio Bevione

Julio Bevione es autor de 12 libros de temas del ser humano y la espiritualidad, algunos traducidos al portugués, al inglés y al ruso.

Gran parte del año viaja ofreciendo conferencias y retiros por la mayoría de los países de América, desde Canadá hasta Argentina. Conduce el programa de radio y *podcast* «Te escucho» en Actualidad Radio de Miami, donde reside actualmente, y está presente con sus palabras en medios de comunicación de toda Latinoamérica.

Para seguir la conversación con el autor visita su web

juliobevione.com

y en las redes sociales:

**Instagram** @bevione
**Facebook** @bevionejulio
**Twitter** @juliobevione
**Youtube** @bevione

# ECOSISTEMA DIGITAL

**NUESTRO PUNTO DE ENCUENTRO**

www.edicionesurano.com

**2 AMABOOK**
Disfruta de tu rincón de lectura
y accede a todas nuestras **novedades**
en modo compra.
www.amabook.com

**3 SUSCRIBOOKS**
El límite lo pones tú,
**lectura sin freno**,
en modo suscripción.
www.suscribooks.com

DISFRUTA DE 1 MES
DE LECTURA GRATIS

**1 REDES SOCIALES:**
Amplio abanico
de redes para que
**participes activamente.**

**4 APPS Y DESCARGAS**
Apps que te
permitirán leer e
**interactuar con
otros lectores.**